돈을 부르는 대화의 기술

돈을 부르는 대화의 기술

송서경

뱅크북

차례

제1장 고객의 마음을 사로잡는 대화의 기본자세

제2장 고객의 마음을 사로잡는 센스 있는 대화

제3장 고객의 기분을 살리는 칭찬의 기술

제7장 사용해서는 안 되는 대화의 기술

제8장 거절하는 고객을 설득시키는 기술

제1장
고객의 마음을 사로잡는 대화의 기본자세

1. 손님을 맞이할 때 친근하고 따뜻한 웃음으로 인사한다

고객이 매장에 들어올 때 그들의 행동은 제각각이지만, 바라는 것은 하나일 것이다.

'자신들이 원하는 것에 주의를 기울여주고, 골치 아픈 일이 없이 자신들이 원하는 것을 얻어서 나가는 것.'

서비스에 종사하는 모든 사람들은 이점에 주의해야 한다. 따라서 고객이 매장에 들어섰을 때 손님을 맞이하는 태도는 중요한 의미를 가진다. 고객이 가게에 발을 들어놓는 순간부터 그들에게 관심을 가져야 한다.

지원들이 제일 먼저 할 일은 미소로 손님을 맞는 것이다. 인사말을 건넬 때는, "어서 오세요, 무척 더운 날이지요?"

또는 "오랜만에 오셨네요. 뭘 찾으세요?" 와 같이 따뜻하고 상냥한 대화체로 손님을 맞이하여야 한다. 이러한 인사말은 손님에게 친근한 느낌을 안겨준다. 손님을 맞을 때, "어서 오십시오. 무엇을 도와드릴까요?" 라는 말을 습관처럼 쓰는데, 좀 더 대화를 나누듯이 손님을 맞으면 손님들은 한결 친숙하고 편안하게 느낀다. 이럴 때 그들은 자신이 수많은 손님들 중 한 명이라기보다는 소중한 개인으로 대접받았다는 우월감을 갖게 된다.

할인점이든 식당이든 미소로 고객을 맞는 다는 것은 그 고객이 그 시간 이후를 어떤 기분으로 보내게 될 것인가를 결정짓는 아주 중요한 요인으로 작용한다. 전화로든 직접 대면으로든 고객에게 밝고 긍정적인 느낌이 전달되는 것이야말로 고개만족의 첫 걸음이다.

미소는 때로는 관심, 때로는 자신감, 때로는 열정, 때로는 마음이 열려있음을 의미한다. 이렇게 미소는 헤아릴 수 없는 많은 의미를 내포하고 있기 때문에 겉으로는 보는 것처럼 그렇게 단순한 행동은 아니다. 고객을 미소로 맞이하는 것은, "손님이 원하는 것을 드리기 위해 우리는 최선을 다하겠습니다. 이곳에서 즐거운 시간을 보내십시오."라고 말하는 것과 같다.

고객을 맞이할 때는 솜털같이 보드랍고 따뜻한 태도로 친절하게 맞이하라. 고객에게 말을 걸 때에는 고객이 편안함을 느낄 수 있게 해야 한다. 단순히 주문을 받거나 음식을 내오거나, 주문한 물건을 제공하는 등 형식적인 느낌이 들지 않도록 유의해야 한다. 고객을 친근하게 맞이하면 고객은 당신의 가게나 회사에 대해 좋은 느낌을 갖게 될 것이다.

2. 고객이 가게에 들어서는 순간 0.3초 인사법을 활용하라

서비스업종에서 인사는 매우 중요하다. 인사만큼 고객에게 강렬한 첫인상을 심어줄 수 있는 것이 없기 때문이다. 여기에 특이한 인사법으로 고객들에게 좋은 인상을 주는 곳을 소개하고자 한다.

인천 부평에 소고기 샤브샤브 요리를 하는 음식점이 잇는데, 고객이 음식점에 들어서는 순간 사방에서 "어서 오십시오."라는 인사가 터져 나온다. 인사말이 나오는 시긴이 고객이 들어서고 0.3초를 넘어서는 법이 없다. 그래서 이러한 인사법을 0.3초 인사법이라 한다. 대부분의 음식점들 어딜 가든 '어서 오십시오.' 라는 인사를 한다. 그러나 대부분은 형식적으로 힘 없이 인사하기 마련이다. 생동감 넘치게 인사하는 곳은 찾아보기 힘들다. 그러나 이 음식점에서는 손님의 귀가 따가울 정도로 목소리가 힘차다. 홀에 있는 다른 손님들에게까지 모두 듣고 남을 정도이다.

고객이 들어서면 입구에서 가장가까이 잇는 종업원이 제일 먼저 "어서 오십시오." 한다. 그러면 계산대에 서 있는 캐셔가 그 뒤를 따라 바로 또 한 번 "어서 오십시오!" 한다. 이걸로 끝이 아니다. 캐셔가 인사를 하자 이번에는 주방에서 주방장이 큰 소리로 "어서 오십시오!" 한다.

고객은 입구에 들어서서 앉기까지 적어도 세 번 이상은 "어서 오십시오!"라는 인사를 받게 된다. 그것도 생기 있는 기쁜 목소리로 말이다. 이렇게 기분 좋은 인사를 한 번도 아니고 세 번 이상 받게 되니 고객은 기분 좋은 것은 말할 것도 없고, 아주 강한 인상을 받게 된다.

고객이 올 때 뿐만 아니다. 음식을 서빙하고 나서는 "맛있게 드십시오!", 고객이 식사를 마치고 갈 때에는 "안녕히 가십시오!" 역시 힘찬 목소리다. 물론 고객 중에는 좀 시끄럽지 않느냐고 하는 경우도 있지만 대부분의 고객은 감탄한다.

3. 대면할 때 처음 15초에 신경 써라

스칸디나비아 항공 회장 얀 칼슨은 적자를 면치 못하는 스칸디나비아 항공을 흑자 경여으로 돌린 경영의 귀재이다. 그는 항공 회사 회장으로 취임한 첫날 직원을 모아놓고 제일성으로 이렇게 말했다.

"여러분, 우리 회사가 적자에서 흑자로 돌아서느냐 아니면 이대로 파산하느냐는 여러분에 달려있습니다. 저는 여러분에게 한 가지만 부탁하겠습니다. 고객과 처음 만날 때 더도 말고 덜도 말고 15초만 신경 써보라는 것입니다."

승객은 승무원 등의 서비스 종사자들과 대면했을 때 첫눈에 제대로 서비스를 하는지 그렇지 못한지를 판단힌다는 것이다. 따라서 처음 15초에 특별히 주의 깊게 신경을 써서 고객을 대하면 서비스가 좋다고 판단하고 매력을 느낀다는 것이다.

고객과 처음 대하는 15초는 진실의 순간이다. 만약 고객이 15분이나 바라보며 진실의 순간을 갖는다면 고객은 오히려 이상하게 생각할 것이다. 고객에게 좋은 인상을 심어주는 데는 짧은 순간이 효과적이다. 단, 그 짧은 순간이 '처음'이어야 한다.

얀 칼슨이 이 진실의 순간에 고객을 사로잡으면, 고객들은 계속해서 스칸디나비아 항공을 이용할 것이라고 종업원들에게 역설했다. 종업원들이 그의 말대로 하자 그 효과는 엄청났고, 결국 스칸디나비아 항공은 흑자로 돌아섰던 것이다. 진실의 순간은 비단 스칸디나비아 항공회사에만 적용되는 것은 아니다. 모든 서비스업에서 도입할 수 있다. 성공하기 위해서는 도입해야만 한다.

또한 진실의 순간이 꼭 15초여만 하는 것은 아니다. 고객과 처음 접하는 1~3초만이라도 미소를 지어보아라. 미소를 짓기 어렵다면 상양한 목소리로 "어서 오십시오!"라고 말해보자.

4. 고객과 말문을 틀려고 할 때 인사로 말문을 트자

고객에게 친절하고 따뜻한 미소로 맞이한 다음에는 고객과 말문을 트는 일이 중요하다. 그러나 대부분의 경우 말의 중요성을 인식하면서도 정작 말을 건네는 것에 대해서는 인색하다.

우리는 낯선 사람에 대해서 무척이나 경계하는 습성이 있다. 일단 상대가 나에게 말을 걸어오기 전에 내가 먼저 나서서 말을 거는 경우는 극히 드물다. 그러나 고객을 접대하는 입장에서는 먼저 말을 건네지 않으면 안 된다. 식당에 고객이 오면 "안녕하세요? 무엇을 드시겠습니까?"하고 상냥한 목소리로 말을 건네야 한다.

호텔의 경우 객실을 판매하는 프린트 클럭은 고객이 정문을 통과한 후 로비에 들어서는 순간,

"안녕하십니까?"

하고 인사를 건넨다. 비단 로비에서 뿐만 아니라 복도, 식당, 나이트클럽 등 어느 곳에서 고객을 만나도 먼저 인사

를 한다. 물론 서비스를 최고로 하는 호텔이기 때문에 고객에게 먼저 인사를 하는 것이 당연하지 않은가 하고 반문할 수도 있을 것이다. 그런 서비스는 호텔에서만 하는 것이 아니라 고객을 마나는 곳이라면 거기가 음식점이든, 당구장이든 모두 서비스를 제공하는 것이다. 그리고 그 서비스의 기본은 바로 고객에게 말을 건네는 것, 즉 먼저 인사하는 것이다.

때로는 고객이 먼저 인사를 하는 경우도 있다. 사람과의 만남을 즐겁게 생각하는 사람들, 특히 외국인들의 경우 눈만 마주쳐도 "Hello!"하고 인사를 한다. 그런 것에 비해 우리는 아직도 대부분 처음 보는 사람에게 인사를 건네는 것에 대해서 인색하다. 비단 서비스를 할 때만 의식적으로 고객에게 인사를 하려 하지 말고 생활 속에서 타인에게 먼저 말을 건네고 인사하는 습관을 들인다면 마음에서 우러나오는 서비스도 그렇게 먼 훗날의 일만은 아닐 것이다.

5. 고객이 주문한 것이 늦어질 때 확인하고 또 확인하라

'중이 제 머리 못 깎는다.' 라는 속담이 있다. 맞는 말이다. 아무리 이름난 미용사나 이용사라할지라도 자신의 머리를 자르고 다듬으며 멋을 내는 데는 한계가 있다.

'너 자신을 알라.' 는 말은 소크라테스가 말한 것으로 세월이 변해도 변함없는 진리다. 이것은 자기 자신에 대해서는 완벽하게 아는 것이 힘들다는 뜻이다.

음식점 사장이나 종업원들의 경우도 스스로는 제법 서비스를 하고 대화도 잘 한다고 생각하지만 정작 서비스를 받는 입장인 손님으로 볼 때 전혀 그렇지 않은 경우가 많다. 점심시간이나 저녁시간에 손님이 많이 몰려와 주문한 것이 제대로 빨리 나오지 못하였을 때 종업원이나 사장 자신도 모르게 무의식적으로 내뱉는 말 하나에 대해서 한 번 생각해보자.

"비빔밥, 누구세요?"

라는 말, 아무렇지 않게 사용하는 발 한마디에 고객은 기

분이 나빠질 수도 있다. 좀 더 공송하게,

"늦어서 죄송합니다. 비빔밥 주문하신 손님, 어느 분이신
가요?"

라고 말해 보자. 같은 뜻이라도 '아' 다르고 '어' 다르다.
종업원이 미안한 마음으로 공손하게 말하는 데 기분 나쁠
고객은 없다.

"조금만 기다리세요. 금방 나옵니다."

많이 듣고 속아온 말이다. 고객의 채근에 이런 말들로 일
단 그 자리는 피할 수 있을지 모르나, 고객은 한 번 속아도
두 번은 속지 않는다. 음식이 늦게 나오면 그 자리에서 확
실하게 말하고 양해를 구하는 것이 좋다. 고객과의 약속을
확실히 지키는 것이 서비스이고, 이런 서비스가 이뤄질 때
고객은 신뢰를 갖게 된다.

6. 손님을 부를 때 호칭에 각별히 유의한다

다음은 손님을 부를 때의 호칭이다. 제대로 된 호칭은 에티켓의 기본이다. 그러나 호칭을 제대로 부르는 것은 생각만큼 쉽지 않다. 자신과 상대방의 나이, 위치, 상황에 맞는 호칭을 다양하게 구사할 줄 알아야 하기 때문이다. 이름 앞뒤에 붙는 호칭은 사람의 또 다른 얼굴이다.

한 건물 안에 약국 두 곳이 나란히 붙어있다. 그 건물에는 내과, 정형외과, 소아과 등 여러 병원이 많이 들어섰기 때문이다. 어느 날 60대 초반으로 보이는 할머니가 약국에 들어섰다. 그 할머니를 본 약제사는 일어서서 할머니를 보자 일어서면서,

"할머니, 어디 편찮으세요?"

그러자 그 할머니는 그 약제사를 쳐다보더니 못마땅한 표정으로,

"아이고, 내가 처방전을 깜박 잊어버리고 그냥 왔네."

19

하더니 약국을 나서면서 혼자말로 중얼거렸다.

"할머니는 무슨 할머니야? 내 나이 얼마인데 할머니라고 불러?"

그 할머니는 그 옆에 있는 약국으로 들어갔다. 그러자 그 할머니를 본 약제사는 웃는 얼굴로 반색을 하면서,

"어머님, 어디 몸이 불편하세요? 매우 건강하게 보이시는데요."

그러자 그 할머니는 얼굴에 금방 웃음기가 돌면서 말한다.

"요 며칠 머리가 아파서 병원에 갔다 왔어."

하면서 가방 속에 들어있던 처방전을 끄집어 내어 약제사에게 준다.

앞의 약국에서 할머니라는 소리를 듣고는 벌컥 화를 내셨던 그분은 할머니라는 사실을 좀처럼 받아들이지 못하는 분이었을 것이다. 아무도 없는 빈 방 한 구석의 경대 앞에 앉아 하얗게 센 머리칼을 보며 살같이 흘러가버린, 꽃처럼

화사했던 청춘에 남몰래 눈물 짓는 분이었을지도 모른다. 그런 분에게 할머니, 할머니 했으니 약제사는 잘하려다 되레 욕 얻어먹는 일을 한 것이었다.

이처럼 호칭이란 문제는 사소한 듯하면서도 실제로 우리 생활에 중요한 문제로 작용한다. 사회생활을 하는 동안 적절한 호칭을 못 찾아 난감한 상황들이 한두 번이었던가. 여기에서는 호칭을 부를 때의 기본적인 에티켓을 알아보자.

7. 상대가 기분 좋게 들을 수 있는 호칭을 사용하라

개인의 호칭을 기업으로 말하면 브랜드다. 상대를 만나는 순간 어떻게 부를까 고민하라. 당신은 운전 도중 접촉사고가 났을 경우, 차에서 내려 상대방을 어떻게 부르는가? 대부분이 '아저씨' 혹은 '아줌마'이다. 한번 '선생님'이라고 불러보자. 상대가 예의를 갖추어 사고 처리에 최선을 다할 것이다.

'아줌마', '아저씨', '그쪽', '거기 안경 끼신 분' 등의 가벼운 호칭을 삼가라. 상대를 아주 낮춰서 중요도 없이 부르는 말이다. 또한 상대가 진급을 했는데도 이전의 직함을 부르는 것도 결례다.

가장 좋은 호칭에 정답은 없다. 전국 단위로 유통되는 서비스업의 경우 본사에서 호칭을 일괄적으로 '고객님'으로 통일하지만 소단위 지역이나 농어촌 문화로 가면 '어르신'이라는 호칭이 더 기분 좋게 들리기도 한다. 또한 알고 지내는 분의 아내를 소개받았을 때에도 '사모님'이란 호칭보다 경우에 따라서는 '형수님'이라는 호칭이 더 기분 좋게 들릴 수도 있다. 상황에 따라 최적의 호칭을 골라내는 것도 당신의 능력이다.

8. 상대가 나의 호칭을 부르기 편하게 하라

상대가 나를 어떻게 불러야 할지 고민할 것 같다면 이쪽에서 정보를 주는 것도 한 방법이다. 예를 들어 보험사에 근무하는 직원들은 가끔 겸손하기 위해 고객과의 통화시 자신의 이름만 밝히는 경우가 많다. 그럴 경우 고객입장에서는 뭐라 불러야 할지 고민이다. 따라서,

"안녕하세요. 홍길동 LP입니다." 혹은, "김복자 팀장입니다." 라고 본인의 호칭을 미리 일러주는 것이 좋다.

상대와 호칭이 같을 땐 자신의 호칭을 낮춘다. 예를 들어 소규모의 병원을 운영하는 원장이 종합병원원장을 만나는 자리라면 자신을 원장이라고 소개하는 것은 상대방에게 결례가 될 수도 있다. 따라서 이름만 말하는 것이 좋다. 반대로 종합병원 원장 입장에서는 아무리 작은 병원의 원장을 만날지라도 깍듯하게 원장님이라는 호칭을 붙여 상대의 마음을 사로잡는 호칭 테크닉이 필요하다.

9. 호칭을 자주 사용하라

가능하다면 상대의 이름과 호칭을 많이 불러주는 것이 좋다. 단 유의점은 '고객님', '손님'이란 호칭은 너무 많이 쓰면 형식적인 느낌을 준다는 것이다. 예를 들어,

"고객님, 주민등록번호를 여쭤보아도 되겠습니까? 고객님?" 같은 경우가 그렇다.

호칭만 잘 골라도 상대방은 내 편이 될 수 있다. '브랜드 네임'을 잘못 부른다는 것은 엄청난 실수이다. 항상 호칭에 신경 써라!

10. 고객이 전화를 걸어왔을 때 응대 방법

한 고객이 식당에 전화를 걸었다.

"여보세요?"
식당 종업원의 응답이다.

"거기 OO식당 맞지요?"
이렇게 고객이 다시 묻자,

"네, OO식당 맞습니다."
종업원의 응답이다.

두 사람의 대화를 살펴보자. 고객이 식당에 전화를 걸 때는 당연히, '여보세요?'라고 시작하게 된다. 그러나 종업원이 '여보세요?'라고 대답하는 것은 엄청난 실수이다. 한마디로 이 종업원은 고객 접대 대화의 기초, 서비스의 기본자세가 전혀 되어 있지 않은 사람이다.

음식점 종업원이 '여보세요?'라고 말하면 고객은 기분이 나빠진다. '손님 전화에 재대로 응대 못하나니, 시비스가 엉망인 곳인가 보다.'라고 생각하기 쉽다. 윗사람이 건 전화를 아랫사람이 벨이 울리자마자 받으면서 '여보세요?'라고 하면 전화 건 윗사람은 상당히 난처하다. 마치 '그래, 당신 용건이 뭐냐?'는 말처럼 들리기 때문이다. 서비스 언어의 기본은 친절한 답변이다. 그것도 상대방 즉, 고객에게 도움을 주는 답변이어야 한다. 그러면 고객이 건 전화를 받을 때 뭐라고 해야 하는가?

식당이라면 "예, 감사합니다. 00식당입니다."하든가 "00 식당입니다." 정도로 해야 한다. 굳이 식당이 아니더라도 전화 받는 곳이 어디라고 밝히는 것이 기본이다. 고객이 '여보세요?' 하는데 거기에 질세라 '여보세요?'라고 해서는 안 된다.

11. 영업장에서 고객과 잡담을 할 때

성공하는 미용실이 되는 조건으로 헤어디자이너의 화술을 빼놓을 수 없다. 고객은 실력뿐 아니라 마음을 편안하게 하는 헤어디자이너의 인간적인 매력에 끌려 단골이 되는 경우가 많다. 프로라는 느낌을 주며 대화를 잘 이끌어가는 헤어디자이너를 보면 고객에게 필요한 전문 지식을 쉽고 자연스럽게 전달하는 능력이 뛰어나다.

이제 전문지식이 없으면 아무 것도 할 수 없는 시대가 왔다. 대학 졸업장이 있어도 전문지식이 없으면 대접받지 못한다. 음식점을 경영하는 사장이나 미장원을 운영하는 헤어디자이너도 마찬가지다. 머리를 손질하는 데 전문지식이 필요하냐고 반문하겠지만 요사이 고객의 수준이 날로 높아 가고 있어 그들과 대호를 하기 위해서는 전문지식으로 무장하지 않으면 안 된다.

서울 성북구의 한 미용사에서의 일이다. 미용사는 한 주부의 머리를 손으로 쉬지 않고 부지런히 손질하면서 말한다. "언니, 비오는 날에 곱슬머리를 손질하려면…"으로 시작해서 "자기 전에 머리를 감으신 다음에는 잘 말리고 주무

셔야 해요."그리고는 잠시 쉬었다가 다시 입을 연다. "언니, 내가 드라이어로 할 수 있는 손쉬운 세팅방법을 가르쳐 드리죠."

항상 웃음을 잃지 않고 정감 있는 목소리로 손님들을 대하며 이런 식으로 대화를 이끌어가는 그녀로 인해서 그 미용실은 언제나 문전성시를 이루고 있다. 고객은 머리카락을 손질하는 기술은 물론이고, 헤어디자이너의 대화, 그리고 전체적인 미용실 분위기를 중요하게 생각한다.

자신이 취급하고 있는 업종에의 품목에 대해서 전문지식을 갖추어야 한다. 그래서 고객이 궁금해 할 때는 언제든지 답을 해줄 수 있어야 한다. 비단 고객이 궁금해 할 때뿐 아니라 먼저 다가가서 대화 중에 간단한 상식 한 가지를 고객에게 알려준다면 고객은 당신이 상당한 전문지식을 갖추고 있다고 생각할 것이며, 당신의 친절과 배려를 다시금 느끼게 될 것이다.

12. 단골손님을 만들려고 할 때 고객의 이름과 즐겨 찾는 메뉴를 기억하라

단골손님을 확보하는 일은 매출과 직접 관계되는 일인 만큼 어느 가게에나 매우 중요하다. 어느 누구나 한 자리에서 얼마동안 가게를 운영하다 보면 많은 단골손님이 생긴다. 잘 되는 가게의 특징 중에 하나가 바로 사장이나 종업원이 단골손님의 이름과 직장, 가족관계, 자녀들의 나이, 그들이 즐겨 찾는 메뉴까지 모두 기억하고 있다.

서울 성북구에 잘 되는 횟집이 하나 있다. 그 주위에는 여러 횟집이 많지만 유독 그 집만 문성성시를 이룬다. 그 집의 주인은 한 번 자신의 가게에 왔던 손님의 특징을 모두 기억한다. 한 주는 물론이고 한 달 전에 자신의 가게를 찾은 손님의 좋아하는 메뉴와 누구와 함께 왔던 것까지 기억한다.

어느 날 오후 퇴근길에 승용차 한 대가 그 가게를 향해 오는 것을 본 횟집사장은 종업원에게 빨리 광어 한 마리를 배달용으로 준비하라고 말했다. 그러자 종업원은, "주문도 받지 않았는데 무슨 배달 준비를 하느냐?"고 말하자, 주인은 아무런 대답 없이 숙성시킨 광어 한 마리를 포장했다.
바로 그 순간 한 대의 승용차가 그 가게 앞에 섰다. 사장은
재빨리 문을 열면서,

"어서 오세요. 박 사장님, 오랜만입니다. 아들이 휴가 왔군
요. 광어 가져가실 거죠?" 그러자 승용차에서 내리던 박 사
장은 놀란 표정으로, "어떻게 그것을 알았나요?" 하자,

"사장님이 지난번에 오셨을 때 군에 간 아들이 있는 오늘
휴가 온다고 하셨지요. 아들이 광어를 좋아하므로 광어나
시켜 주어야 되겠다고 말씀하신 일을 기억합니다."

박 사장은 이미 보름 전에 한 말을 기억하고 있다가 미리
준비해주는 횟집 주인의 배려에 고마움을 잊지 못하였다.
그 날 이후로 그 사장은 1주일에 한 번 정도는 가족과 함께
오던지 아니면 친구와 동행하여 찾기 시작했다.

횟집 가게 주인이 그 사장의 마음을 사로잡을 수 있었던
것은 고객에 대한 관심 때문이었던 것이다. 막 주문을 하
려는데 마음을 들여다보듯 주문하려던 회가 준비되어있다
면 꽤 기분이 좋을 것이다. 그리고 자신이 무엇을 좋아하
는지에 대해 관심을 가져준 횟집 사장에게 고마운 마음도

들었을 것이다.

'손님들에게 그들이 가치 있는 존재임을 느낄 수 있도록 관심을 기울인다.'

고객의 이름을 외우고 그들의 구매습관을 기억하는 것이 뭐 그리 대수로우냐고 반문하는 사람도 잇겠지만, 그러나 그것은 매우 중요하다. 메뉴가 좋아서, 목이 좋은 골목에 자리 잡고 있어서 단골이 되기도 하겠지만 자신의 이름이나 성을 기억해주고 수매습관에 관심을 기울여 주는 것이야말로 단골 확보하는데 비결인 것이다.

고객의 얼굴을 알아보고 그들의 취향을 기억하는 것은 고객에게 한 걸음 다가갈 수 있는 기회이고, 고객의 입장에서 당신과 당신의 사업에 더욱 친근하게 느낄 수 있는 계기가 된다.

13. 무례한 고객을 마났을 때 한 번 더 미소를 짓는다

장사를 하다가 보면 안하무인으로 행동하는 손님들을 대할 경우가 자주 있다. 이런 무례한 행동을 하는 고객을 상대로 화를 참기란 결코 쉽지 않다. 그러나 그런 부류의 사람들에게 똑같이 화를 낸다면 사업에도 결코 도움이 되지 않을 것이다. 그뿐만 아니라 당신이 뭔가 다른 사람이라는 자부심마저 상처를 입게 될 것이다. 한 마디로 말해서 그런 행동은 조금도 득이 될 것이 없다.

만약 당신이 무례한 고객과 똑같이 행동한다면 그 고객은 두 번 다시 당신의 가게를 찾지 않을 것이고, 비슷한 상황에서 번번이 그렇게 반응한다면 설령 당신이 옳았다고 해도 고객들은 하나 둘 발길을 돌릴 것이다.

세상이 각박해지면서 얼굴에 잔뜩 불쾌한 표정을 짓고 다니는 사람들이 많아진 듯하다. 그런 사람들을 볼 때면 무슨 좋지 않은 일이려니, 그저 미루어 짐작하고 그냥 가볍게 지나치려고 노력해야 한다.

당신은 다른 사람들에게 어떤 문제가 있는지 알 수 없다.

그들의 가족 가운데 심각한 병에 걸린 사람이 잇을 수 있고, 어쩌면 자신의 일에 불만이 많아서 그럴 수도 있다. 그것도 아니라면 그날따라 지독하게 운 나쁜 일이 있었는지도 모른다.

아무리 무례한 손님을 상대하더라도 프로 정신으로 무장하고 겸손한 태도로 그들을 대해야 한다. 당신이 똑같은 태도로 그들을 대한다면 고객은 즉시 그것을 알아차리고 당신의 가게에 발길을 끊을 것이다. 어느 누가 무례한 태도로 오히려 고객을 당황스럽게 하는데 그 가게에 다시 가겠는가? 당신이라면 절대로 가지 않을 것이고, 그것은 누구나 마찬가지이다. 그런 경우 손님들은 당신의 경쟁업체를 찾을 것이다.

무례한 고객들을 상대할 때 급히 판단을 내리면 반드시 그 대가를 치르게 될 것이다. 고객에게 친절하게 대하는 것은 우리가 가진 행복을 나누어 주는 것이다. 행복하지 못한 사람들에게 행복을 나누어 주는 일만큼 보람 있는 일이 어디에 있겠는가?

성급하게 판단하려고 하지 말고 겸손하게 행동하라. 당신이 해야 할 일은 고객과 말다툼하는 것이 아니라 상품이나 서비스를 판매하는 것이다. 자존심을 내세우지 말고 자신을 적당히 낮추는 자세를 취하라. 이런 자세로 일관하는 태도는 마음의 평온을 위해서도 그렇고 사업을 위해서도 유익하다.

14. 고객이 가장 기분 나빠하는 말

서비스하는 입장에서 볼 때 손님이 하찮은 것에 과민하게 반응을 보이는 것처럼 느껴질 때가 있다. 그러나 바꿔 생각해 보면 서비스를 제공하는 입장에서는 그다지 중요하지 않은 문제일지라도 고객의 입장에서는 상당히 중요하게 느껴지는 일들이 있다.

특히 고객은 주인이나 서비스하는 사람의 말에 민감하다. 고객이 가장 기분 나빠하는 말은 무엇일까? 물론 어떤 상황인가에 따라 답이 달라지겠지만 고객이 싫어하는 말 중하나는, '죄송합니다. 그것은 저의 회사의 방침입니다.' 라는 말이다. 이 말은 상황이 어떻든 간에 일단 서비스를 제공하는 입장에서는 문제를 해결할 수 있는 가장 쉬운 방법이다. 회사에서 정한 규정에 따라 일을 하기 때문에 종업인은 자신으로서는 어쩔 수 없다는 것이다. 다시 말해서 이제 더 이상 나에게 그 문제를 제기하지 말라는 것이다.

고객의 입장에서 이런 말을 들으면 사장이나 그 문제를 담당하는 사람을 만나기 전에는 해결할 수 없다고 생각하게 된다. 또 고객이 기분 나빠하는 말 중에, '그것은 제 업무가 아닙니다.' 라는 것이다.

고객은 이런 말을 들으면 담당 부서가 어딘지 제대로 알고 나 오지 상관이 없는 곳에 와서 물어본다는 의미로 받아드린다. 종업원이든 사장이든 서비스를 제공하는 입장에서 나오는 말이 바로 서비스 상품이다. 그렇다면 이와 같은 말들은 이왕이면 고객이 듣기 좋은 말로 바꾸어서 해야 한다.

"죄송합니다. 회사의 방침은 그러하지만 최대한 노력해서 시정하도록 하겠습니다."

15. 계산할 때 계산대에서 10분 이상 기다리게 하지 않는다

비즈니스 환경이 급속도로 변화되고 있다. 어디에서나 사람들은 시간이 없다고 아우성이다. 고객들은 너도나도 '빨리빨리'를 외친다. 특히 한국에서는 '빨리빨리'가 사람들의 의식 속에 깊숙이 박혀 있어서 이를 맞추지 못하면 낙오가 되고 만다.

산더미 같이 쌓인 잡다한 일에다가 정신없이 돌아가는 직장 일까지 할 일이 너무 많아 '빨리빨리'를 외치는 것은 당연하다고 할 수 있다. 따라서 서비스를 제공하려는 사람은 그들의 이런 욕구를 고려하여 그들이 원하는 것을 최대한 빨리 제공해주어야 한다.

대형쇼핑몰이나 식당에서 손님을 기다리게 하는 일이 많다. 매장에서 일하고 있는 직원이 여럿인데도 계산대에는 한 두 명의 직원만 배체되어 있어 고객들이 계산을 하기 위해서 줄을 길게 서야 한다. 아무리 쇼핑이 즐거웠고, 음식 맛이 좋았더라도 마지막 돈을 지불하는 순간에 시간이 걸린다면 기분이 언짢아지고 불쾌하기 마련이다. 그렇다면 그 가게가 얻는 것은 무엇일까? 일 처리를 늦게 해주는 곳, 항상 기다려야 하는 곳이란 부정적인 이미지를 갖게 될 것이다.

자신이 원하는 서비스를 빠른 시간에 받지 못할 때 고객은 미련 없이 떠날 것이다. 잡담을 나누고 1~2분 더 고객을 기다리게 하는 일이 사소해 보일지 모르지만 그 일로 발길을 끊을지도 모른다는 사실을 잊지 말아야 한다.

어떤 사업이든 관건은 고객에게 무엇인가를 판매하는 것이다. 위생, 조직관리, 재고정리 등도 중요하지만 그러한 일을 위하여 매일 가게를 여는 것은 아니다. 아침마다 가게를 여는 이유는 그곳을 찾는 고객에게 그들이 원하는 것을 제공하기 위해서다. 그러므로 모든 초점을 고객서비스에 두어야 한다.

고객의 불편을 해소하려고 노력할 때 고객만족도는 높아질 것이다. 고객이 원하는 것이 무엇인지 알고 있는 매장은 고객에게 좋은 인상을 주게 마련이다. 길게 늘어선 줄은 직원들이 무관심하다는 증거이고, 고객에게 부정적인 인상을 심어주는 원인이 될 것이다. 고객의 욕구를 관찰하고 그것에 귀를 기울여라. 고객서비스에 최선을 다하는 열정적인 직원이 있다는 것은 고객이 줄을 서서 기다릴 필요가 없음을 의미한다.

고객서비스를 잘 하는 직원은 다른 쓸데없는 일에 신경을 쓰지 않는다. 그들은 자신이 맡은 일, 오직 고객서비스만 초점을 맞춘다. 이렇게 하면 고객들은 자연스럽게 당신의 가게에 대해 긍정적인 이미지를 갖게 될 것이고, 오랜 단골손님이 될 것이다.

16. 고객을 만나기 하루 전 철저히 준비한다

모 대학의 신축 건물 디자인 수주를 위한 경쟁 프레젠테이션에서 있었던 일이다. 선정이 유력시되던 회사의 담당 발표자는 다양한 일본대학의 사례를 들어가며 설명을 끝내고 대학 관계자와 캠퍼스를 빠져나오던 길에 그제야 대학의 정문에 눈길이 갔다. 정문은 독특하게도 독립문의 형태와 닮아 있었다.

"정문이 독립문을 닮은 게 참 독특하군요. 뭐 특별한 의미라도 있습니까?"

지나가는 물음이었으나 되돌아온 대답은 날이 시퍼렇게
서 있었다.

"모르셨나요? 총장님께서 유명한 독립투사 집안 출신입니
다. 그래선지 일본 하면 치를 떠시죠. 오죽하면 외국 출장
때마다 일정이 늦어져도 일본을 경유하는 노선은 절대 타
는 법이 없습니다."

행정직원의 말에 그는 눈앞이 막막해지고 말았다. 땅을 치
고 싶은 심정이었다. 그런 줄도 모르고 일본대학의 건물을
모범사례로 들먹였으니 결과는 불을 보듯 당연한 일이었
다. 만약 그가 잠깐만 시선을 돌렸더라면 상황은 달라졌을
것이다. 그러나 이제는 아무리 디자인의 시안이 좋더라도
이미 승패를 결정 난 것과 다름이 없었다. 그리고 실제로
도 디자인 수주는 다른 곳으로 넘어가고 말았다.

그의 실수는 만나기 전에 고객과 무언의 대화를 미리 나누
지 않았다는 것이다. 첫사랑만큼 상대가 궁금했다면 '무엇
을 좋아하는' 혹은 '어떤 취향인지' 미리 텔레파시로 물어
보고 답하는 사전조사가 이루어졌을 테니 말이다.

대화는 만나기 전 이미 성공여부가 결정된다고 해도 과언이 아니다. 눈 앞에 상대방이 등장해서야 대화를 시작하면 이미 늦었다. 만나기 전에 먼저 대화를 시작하라. 만나야 할 사람에 대하여 사전에 많은 정보를 조사할수록 예의를 갖출 수 있고 실수를 줄일 수 있다.

나이와 고향, 학교, 가족 같은 기본사항은 특히 대한민국 사회에서는 필수이다. 전라도 출신에게 전라도 욕을 하고, 경상도 출신에게 경상도 욕을 했다가는 대화는 시작할 수도 없지 않겠는가? 또한 취미는 무엇인지, 어떤 색깔을 좋아하고, 양식과 한식 중에 어느 것을, 그리고 어떤 음식을 즐기는지 정도는 당연히 알고 있어야 한다. 회사를 방문할 때 작은 화분을 하나 사거나, 케이크를 사더라도 부하 직원에게 전화를 걸어 취향이 어떤지를 물어보는 노력이 필요하다.

첫 만남에도 당신이 자신에 대해 많은 것을 알고 있다는 것은 관심과 배려의 표시이며, 동시에 대화의 중요한 열쇠가 된다. 물론 집안에 밥숟갈이 몇 개고 잠버릇은 어떠한지까지 모르는 게 없다는 것을 너무 심하게 강조하면 오히려 부작용을 일으킬 수도 있다.

당신이 만나는 상대에 대해 얼마큼 안다고 드러내놓고 자랑할 필요는 없다. 중요한 것은 당신과 상대방이 나눌 이야기에 도움이 되는 것을 끄집어내는 것이다. 또한 상대방에 대한 준비뿐만 아니라 내가 해야 할 말을 준비하고 점검해야 한다. 대화의 시간은 정해져 있다. 촉박한 시간 안에 하고 싶은 말과 꼭 해야 할 말들을 미리 정리해야 한다.

꼭 물어보고 싶은 말이 있는데 기회를 놓쳤다면 또 한 번의 과정을 거쳐야 하고, 부탁의 경우라면 당신은 두 번 신세를 지는 귀찮은 사람이 된다. 당신이 할 말을 미리 정리하고 일목요연하게 기억하고 나가자.

이제 당신을 만나기 위해 문을 열고 들어오는 티 테이블에 앉아 당신을 기다리는, 당신의 사랑스런 상대방을 관찰하라. 무릎을 바짝 오므리고 주위를 두리번거리며 진땀이 밴 손을 꼭 쥐고 있는지, 혹은 소파에 다리를 꼬고 앉아 차를 마시고 있는지 살펴라. 이미 상대는 당신에게 자신의 정보를 세세히 이야기하고 있다. 이미 대화는 시작된 지 오래인 것이다.

17. 고객과 대화를 할 때, 나 자신을 객관적으로 되돌아본다

1) 대화 중에 입가를 한쪽으로 올려 은연중에 비웃는 웃음을 짓고 있지는 않은가?

2) 습관적으로 코웃음을 치는 것은 아닌가?

3) 이맛살을 찌푸리거나 다리를 꼬고 있지 않는가?

4) 거만하게 상체를 의자의 등받이에 대거나 볼펜을 돌리지는 않는가?

5) 담배냄새, 구취, 음식냄새, 독한 향수냄새로 고객의 코를 괴롭히는 것은 아닌가?

위의 사항은 대화하기 전에 먼저 당신 자신을 되돌아보면서 우선적으로 고려해야 할 사항들이다. 앞에서 대화는 사랑을 파는 것이라고 강조한 바 있다. 그러나 이번에는 표현을 달리해 보자. 대화는 총칼은 없어도 그에 못잖게 힘겹고 어려운 싸움이 바로 대화이다. 특히 세일즈 대화는 그렇다.

촌철살인(寸鐵殺人)의 교훈을 우리는 익히 알고 있잖은 가. 사소한 말 한마디가 상대방을 죽이고 살리고, 또한 당신 자신을 죽이고 살릴 수도 있다. 대화는 사랑이지만, 그 사랑을 얻고 잃는 과정은 치열한 전쟁과 마찬가지인 것이다.

따라서 살벌한 전쟁터에서 적군을 살피고 파악하기에 앞서 꼭 해야 할 일이 있다. 그것은 다름 아니라 나 자신을 객관적으로 되돌아보는 것이다. 현재 적을 제압할 수 있는 당신의 무기에는 어떤 것이 있고, 현재 당신의 심리적인 상태는 어떤지를 정확하게 파악해야 한다. 전쟁은 시작 전에 이미 그 승패가 99.9% 결정되기 때문이다.

특히 당신의 감정 상태를 객관적으로 파악하라. 병법에서 지피지기(知彼知己)면 백전불패(百戰不敗)라고 했다. 상대방의 상태만 살피는 것이 아니라 당신의 상태도 충분히 고려해야 한다. 당신이 격한 감정에 휩싸여 있을 때나 혹은 의욕이 없는 상태일 경우 상대방과 대화를 하는 것은 좋지 않다. 아무리 숨기려고 해도 목소리에 감정이 묻어나기 때문이다. 잠깐 동안이라도 심호흡과 휴식을 통해 평상심으로 돌아온 뒤 대화를 시작하는 게 좋다. 격한 감정에 아무 말이나 해놓고 뒤늦게 후회하는 경우가 있다. 나 자신을 객관적으로 되돌아보면서 먼저 나 자신이 상대에게 이끌리는 사람인가를 점검한다.

18. 고객과 마주 앉았을 때 나는 이끌리는 사람인가?

당신의 고객은 아이와 같다. 당신의 관심과 애정을 느끼고 싶어 한다. 그리고 관심과 애정을 주고 또 줘도 더 달라고 만 한다. 당신을 독점 하고 싶어 한다. 자신과 이야기할 때 에는 당신이 완전히 몰입해주길 바란다. 당신의 시선이 자신을 벗어나 다른 곳으로 향하는 순간, 고객은 배신당한 연인처럼 지독한 모멸감을 느끼게 된다. 당신의 시선이 제자리로 돌아왔을 때는 이미 매몰차게 등을 돌리고 떠나가는 고객의 뒷모습만 보일 뿐이다.

어떻게 하면 끊임없이 관심과 애정을 갈구하는 어린아이 같은 고객을 붙잡을 수 있을까? 방법은 오직 하나뿐이다. 지금 이 순간, 오직 고객만을 바라보고 고객만을 위한다는 것을 보여주는 것이다. 그리고 고객을 변화시키기 위해서는 우선 당신부터 달라져야 한다. 상대의 매력을 찾는 것도 중요하지만 우선 당신의 매력을 만들어야 한다는 것이다. 이제 두 가지 질문을 당신 자신에게 던져보자.

'나는 고객의 시선을 잡아끌 만한 매력적인 상대인가?'

말을 듣지 않는 고객은 그만큼 당신에게 매력을 못 느낀다는 반증이라고 봐도 무방하다. 고객의 태도에 짜증내기 전에 우선 당신을 돌아보자. 당신의 상대방에게 매력적인 상대로 보일 만하다면, 고객의 문제에 관심을 기울일 준비가 되어 있다면, 이제 시선을 외부로 돌려 두 번째 질문을 던져보자.

'고객과의 대화를 방해할 만한 무엇이 있는가?'

시끄러운 휴대폰 소리, 잡음, 불편한 의자, 너무 덥거나 추운 실내 등의 환경들이 대화의 몰입을 혹시 방해하는 것은 아닌지 돌아보자. 대화의 장애물은 미리미리 제거해야 한다. 고객은 대화에 열중할 수 있는 분위기를 원한다. 주위가 산만하면 고객은 속마음을 절대 털어놓지 않는다.

"허심탄회하게 한번 말해봅시나."

이런 말이 나오는 자리치고 허심탄회한 대화를 들은 적이 없다. 그만큼 자연스럽게 집중할 수 있는 분위기가 필요하다.

19. 대화를 하기 직전 대화를 이끌어가기 위한 조미료를 찾아라

어렵고 어렵기만 한 타인과의 관계. 당신은 질실한 마음이라는 상대의 소중한 보물을 원하지만 결코 쉽지가 않다. 마음은 꽁꽁 닫혀 쉽사리 열리질 않으니 답답하기만 한다. 그 때 필요한 게 바로 참깨인 것이다. 물건을 파는 세일즈맨도, 사랑하는 사람 앞에 선 연인도, 한 톨의 참깨가 필요하다. 그러나 참깨는 특별한 무엇이 아니다. 말 그대로 조미료일 뿐이다.

"지난번보다 몸이 훨씬 좋아지신 듯합니다. 운동을 열심히 하시는가 보죠?"

"자제 분의 대학합격 정말 축하드립니다. 컴퓨터공학과에 입학했으니 앞으로 빌 게이츠 같은 뛰어난 사람이 되길 꼭 기도하겠습니다."

당신이 흔히 다른 이들과의 만남에서 인사치레라는 생각에 쉽게 넘어가는 말들, 날씨, 건강, 근황, 안부, 식사 등의 대화를 풀어내는 기본사랑들이 바로 대화를 풀어가기 위한 조미료인 것이다. 조미료가 뭐가 그렇게 흔하냐고 물을지도 모르겠다.

"너무 뻔해 보이지 않아? 어차피 접대용 멘트일 뿐이잖아!"

즉각 반론하는 이도 있을 것이다. 그러나 아니다. 만약 당신의 진심이 담겼다면 틀려지는 법. 당신이 진심으로 관심을 가지고 있다면, 상대는 반드시 알아채고야 만다. 문은 열쇠 없이 열리지 않는다. 아무리 커다란 문이라도 작은 열쇠 하나에 활짝 열리는 게 바로 문이다. 또한 문의 크기를 떠나 열쇠구멍의 크기는 똑같다. 마찬가지로 상대방의 마음을 여는 것은 당신의 한마디 작은 칭찬이라는 것을 명심하자.

아라비안 나이트의 '알리바바와 40인의 도둑'에 나오는 유명한 주문을 모르는 사람이 있을까? 보물을 감춰둔 바위벽 앞에서 알리바바가 주문을 힘껏 외친다.

"열려라 참깨!"

순간 한 톨의 참깨로 열리는 육중한 바위벽, 활짝 열린 문 너머에는 빛나는 금은보화들이 산처럼 쌓여 있다. 그런데 왜 하필이면 주문이 참깨일까? 고소한 향을 폴폴 풍기는 참깨가 무슨 힘이 있다고….

참깨는 음식이 아니다. 음식은 바위벽 뒤의 보물일 뿐 참깨는 음식의 향을 빛내는 조미료, 즉 보물을 고소하고 아름답게 꾸미는 수사(修辭)일 뿐이다. 그러나 참깨가 없는 보물은 열리지 않는 그림의 떡일 뿐이다. 조미료 없는 음식이 맛이 없는 것처럼 말이다.

긴장감을 풀기 위해서는 참깨처럼 고소하게 분위기를 부드럽게 해주는 작은 몇 마디가 중요하다. 첫 대면의 어색함을 해소해 상대의 경계심을 풀고, 딱딱한 비즈니스 관계에서 인간적인 관계로 부드럽게 분위기를 만들 수 있다. 또한 미처 모르고 있던 상대의 관심사나 근황을 파악할 수 있는 좋은 기회가 된다. 친근한 몇 마디의 안부가 상대를 편안하게 하고 당신에게 협조적으로 나올 수 있게 한다. 하지만 당신은 성급하다. 대화를 할 때 거두절미하고 바로 본론으로 들어가는 경우가 많다.

열려라! 열려라! 외칠 뿐, 참깨를 뿌리지 않는다. 껍데기는 겉치레에 불과할 뿐이라는 오해 때문이다. 물론 부탁할 일이 있어 오랜만에 만난 경우에는 안부를 길게 묻지 않는게 좋다. 안부는 짧게 묻고 간만에 연락한 동기를 이야기해야 한다. 한참 뜸을 들여 사적인 이야기를 나누다가 뒤에 가서 용건을 이야기하면 상대방 입장에서는 지금까지의 대화가 목적을 이루기 위한 의례적인 행동으로 보이기 때문이다. 그렇지만 위와 같은 경우가 아니라면, 나의 진심이 담긴 참깨향이 솔솔 풍기는 말들은 꼭 필요하다.

제2장
고객의 마음을 사로잡는 센스 있는 대화

1. 대화도중 고객이 침묵할 때 따뜻한 눈빛으로 고객을 바라보라

대화는 두 사람이 마주보고 함께 하는 것이다. 어느 한쪽이 일방적으로 이야기를 이끌어가는 것을 삼가라. 현대사회는 자신을 적극적으로 표현해야 하는 시대다. 조선시대 양반처럼 느긋하니 뒷짐만 지고 풍월을 읊으며, 세상이 나를 알아주지 않음을 탓하거나 군자연하다가는 뒤처지고 쪽박을 차는 세상이 됐다.

피동적인 자세보다는 능동적인 자세, 숨기기보다는 드러내야 생존이 가능하다. 따라서 현대사회의 최첨단에 있는 서비스 계통은 말할 필요도 없을 것이다. 무한경쟁에서 살아남기 위한 영업자들의 생존방식은 처절할 정도이다. 자신의 정체성이라는 것은 출근과 함께 책상 서랍 한 칸에

고이 모셔둔다. 휴대폰을 집어 들고 밖으로 나가는 순간 이미 그는 강한 자만이 살아남는 정글의 한복판에 뛰어드는 것이다. 약해도 강한 척, 강해도 약한 척, 느려도 빠른 척, 빨라도 느린 척, 독이 없어도 독이 있는 척, 독이 있어도 독이 없는 척하며 자신을 포장하고 생존경쟁에 뛰어든다.

완전무장을 한 채 고객을 만나는 자리에서는 고객의 주머니를 열기 위해 최선을 다한다. 자연스레 말이 많아질 수밖에 없다. 고객과의 대화시 보통은 영업자인 당신 혼자서 모든 것을 책임지려는 경향이 강하다.

당신과 죽이 척척 맞는 고객을 만나면 얼마나 좋겠는가! 그러나 고객이 반드시 적극적이리라는 보장은 없다. 따라서 대화를 이끌어야 한다. 그러나 주도적으로 이끈다고 해서 혼자 모든 것을 다 책임져서는 안 된다. 쉽게 말해서 북 치고 장구 치는 영업은 반쪽짜리 영업자의 능력일 뿐이다.

물론 영업자가 대화를 매끄럽게 진행할 책임이 있지만 상대방에게도 일정 부분의 몫이 있다. 말 그대로 대화란 마주보고 이야기하는 것이다. 그런데 어느 한쪽이 일방적으로 이야기를 이끌어간다면 대화는 성립할 수가 없는 것이다.

고객이 침묵할 때가 반드시 있다. 두려워하지 마라. 무슨 이야기로 이 힘든 침묵의 강을 건널까 애써 머리를 굴릴 필요가 없다. 침묵을 즐겨라. 당신이 더 이상 할 말이 생각나지 않을 때는 고객을 바라봐라. 따뜻한 눈빛으로 당신의 고객을 기다려라. 침묵이 지난 뒤, 고객이 입을 열 때 비로소 쌍방향커뮤니케이션이 완성된다. 혹시 고객 스스로가 당신이 감히 생각지도 못했던 근사한 제안을 할지도 모른다. 대화는 두 사람이 마주보고 함께 하는 것이다.

2. 당당한 고객과 대화를 할 때 당신과의 대화에 자부심을 갖게 하라

당신은 고객을 당당한 고객과 주눅 든 고객, 두 가지 유형으로 나눠볼 수도 있다. 예를 들어 옷을 사거나 미용실에서 머리를 손질하는 경우에는 고객이 당당할 수 있다. 반면 급전이 필요해 대출을 받는다거나 이혼소송을 하는 경우에는 서비스의 주체가 고객이면서도 오히려 고객 쪽에서 주눅이 드는 경우가 대부분이다. 자리 탓에 어쩔 수 없이 움츠러드는 것이다. 그러나 그러한 모습이 당연하다고 여기는 순간, 당신은 많은 고객을 잃어버리게 된다.

고객이 당당할 수 있도록 도와주어라. 대출을 받으러 은행에 찾아온 고객에게 '누구나 대출은 한 번씩 받게 되는 당연한 일'이라는 멘트를 건넨다면 고객은 틀림없이 당신을 믿고 따를 것이다.

병원을 찾아와 부끄럽게 진료를 받는 사람에게 '아무렇지도 않은 일'이라고 말해준다면 고객은 당신의 단골고객이 될 게 틀림없다. 또한 자녀가 공부를 못해 보충학습을 등록하는 학부모에게 전혀 창피한 일이 아님을 자연스럽게 전달한다면 학부모는 큰 힘을 얻을 것이다.

어느 변호사 사무실에서 일어난 일이다. 사무실에서는 이미 허름한 점퍼 차림의 사람 서너 명이 면담을 하고 있었다. 새까맣게 그을린 낯빛을 봐서 육체적인 노동을 하는 분들인 것 같았는데 여러 가지 서류를 검토하며 열과 성을 다하여 변호사에게 말하고 있었다. 이들은 그 중에서 농사를 짓고 사는 농부들인데 인근에 공장이 들어선 뒤로 폐수 문제 때문에 골머리를 앓고 있는데 변호사가 자청해서 소송을 수임했다.

신기한 점은 변호사님의 표정이었다. 너무나 진지하게 고개를 끄덕이고, 맞장구를 쳐가며 농부들의 말을 귀담아듣는 것이었다. 얼마나 많은 사람들이 자신의 자리를 믿고 다른 사람들을 아래로 내려다보고 있는데, 이 변호사의 태도에 그런 기미가 조금도 보이지 않았다.

여기서 우리는 고객을 대하는 하나의 큰 법칙을 깨달을 수 있었다. 즉 상대가 나와의 거래에 자부심을 갖게 하라. 편안하고 자부심을 줄 수 있는 멘트를 사용하여 고객이 받고 있는 서비스의 가치를 느끼게 하는 것이다.

자신의 자리에 얽매이지 마라. 고객이 당신의 자리에 주눅이 들게 하지 말고, 당신의 자리로 고객의 자부심을 높여라. 그러면 당신은 그 어떤 사람이라도 완벽히 고객으로 만들 수 있을 것이다.

3. 대화의 주도권을 쥐고 싶을 때 대화의 양과 속도를 조절
하라

대화의 주도권은 무조건 말을 많이 하는 쪽에 있는 것이
아니다. 상황에 따라 고객이 말을 많이 할 수밖에 없는 상
황도 있다. 중요한 것은 고객을 내 페이스대로 이끄는 것
이다.

경쟁 프레젠테이션에서 일어난 일이다. 성형외과와 함께
세 곳의 작은 병원들이 한 건물에 입주하기로 예정되어 있
었다. 소규모 개인의원들의 경영이 갈수록 악화되기에 몇
몇의 작은 병원이 한 건물에 집약함으로써 고객들을 끌어
들인다는 의도에서 계획된 일이었다.

병원 원장들은 주먹구구식으로 일을 진행하기보다는 전문
적인 기획회사에 병원의 이름을 짓는 일을 비롯해 여러 가
지 홍보활동을 일임할 생각이었다. 프레젠테이션이 처음
부터 삐걱거리고 있었다. 시간배분을 넉넉히 잡지 않은 것
이 문제였다.

"4개 사를 30분 단위로 모두 만나기로 했는데 괜찮을까

요? 만약에 첫 번째 응시 회사의 프레젠테이션이 길어지면 뒤쪽은 계속 밀릴 텐데요?"

어떤 원장의 말에 다른 원장이 미안한 낯으로 대꾸를 했다.

"죄송합니다. 갑작스레 오후 4시에 수술 일정이 잡히는 바람에 어쩔 수가 없었습니다. 가능한 한 시간을 지키며 해 봐야죠."

그러나 우려는 현실로 나타나고 말았다. 첫 번째 회사부터 발표시간이 조금씩 늘어났던 것이다. 게다가 시간이 늘어지는 건 다른 문제로 치부하더라도, 앞선 세 회사의 발표가 그 말이 그 말 같아 지루하기만 할 뿐이었다.

결국 앞선 회사들의 프레젠테이션이 늘어지는 바람에 마지막 입찰 회사가 발표를 시작했을 때는 예정시간에서 10분밖에 남아 있지 않았다. 그렇다고 시간을 더 늘릴 수도 없는 일이었다. 그러나 마지막 회사의 기획자는 서운한 표정을 짓는다거나 당황한 표정을 짓지 않았다. 무척 자연스럽게 말을 꺼내기 시작했다.

"준비는 많이 했습니다만, 우선 병원 측에서 가장 궁금해 하시는 사항을 먼저 질문해주시면 그것부터 설명 드리고 시간이 허락하는 범위에서 추가적인 사상을 전달하겠습니다."

마침 수술 일정이 잡혀 있던 원정에게는 귀가 솔깃한 얘기였다. 수술을 늦출 수는 없으므로 프레젠테이션이 빨리 끝나기만을 바라고 있었으니 반갑지 않을 수가 없었던 것이다.

"이번 작업을 하시게 될 경우 어떤 점에 가장 주력하실지 설명해주시겠습니까?"

질문에 기획자는 자신들이 세운 계획의 핵심만을 간략하게 설명했다. 그렇게 설명하니 알아듣기도 쉬웠고 앞선 회사들의 과장되고 중언부언하던 전략과는 왠지 차별성이 느껴졌다. 기획자의 능력은 여기에서 끝난 게 아니었다. 병원원장들이 말을 길게 하면 간단히 내용을 압축시켰고 중간에 말이 끊어지면 계속 이야기를 하게끔 주요 단어를 다시 상기시켰다.

원장들과 기획자의 대화를 통해서 우리는 재미있는 사실

하나를 발견할 수 있었다. 보통은 상품을 파는 쪽에서 주로 말을 하고 고객은 듣는 입장인 경우가 많다. 그러나 눈앞의 기획자는 반대로 주로 고객의 말을 들으면서 사이마다 자신의 의견을 표현하는 고도의 세련된 테크닉을 구사하고 있었던 것이다. 단 10분이라는 짧은 시간 동안 기획자는 자신이 준비해 온 자료를 병원 측 관계자들에게 남김없이 모두 다 보여주고 있었다. 원장들에게 말을 시키고 자신이 주도권을 잡고 방향을 이끌어나가는 그의 화려한 테크닉에 모두들 놀라지 않을 수 없었다.

경쟁 프레젠테이션이 모두 끝난 뒤 원장들끼리 모여 회의를 하는 자리에서 당연히 마지막 회사에게 이번 사업을 맡기는 쪽으로 기울어졌다. 프레젠테이션 같은 경우 오히려 고객에게 질문을 먼저 던지면 무례하다고 느낄 수도 있을 것이다. 보통은 그렇다. 하지만 고객의 현재 상태를 살피고 역할을 바꿔야 할 때도 있다. 상황에 따라서는 오히려 듣는 게 더 나을 수 있다는 것이다. 대화의 기술이란 정답이 없는 것이다.

4. 상대를 위로할 때는 코멘트도 현명한 선택이 요구된다

힘들고 지친 이에게 위로가 능사는 아니다. 지나친 위로는 상대를 초라하게 만들거나 불편하게 할 수도 있다. 동정심도 필요하지만 상황을 가볍게 만들 수 있는 지혜가 필요하다.

절친한 친구, 직장 동료, 가족까지…. 나와 함께 동고동락하는 이들이 곤란한 처지에 놓일 때가 있다. 느닷없이 벌어진 일로 좌절과 절망 속에서 아파하는 이들 앞에서 우리는 어떻게든 위로를 하기 위해 안절부절못할 때가 많다.

"네 심정을 전부 알 수는 없지만, 나도 이해는 하고 있어." 속으로 이렇게 말하며 상대의 무너진 어깨를 추스르고 등을 감싸 안고 토닥여준다. 업무에서 실수를 해 상사에게 지적을 받아 의기소침할 때, 열심히 노력했는데도 원하는 일이 되지 않았을 때, 잔뜩 기대하고 있던 승진심사에서 물을 먹었을 때, 애써 위로하려고 노력하지 마라.

위로가 최고의 해법은 아니다. 오히려 부작용을 일으킬 수도 있다. 특히 여러 사람이 위로를 한답시고 다들 한마디

씩 동정의 말을 하면 받는 사람의 입장에서는 처량해질 수 있다. 동정심을 보내기보다 별것 아닌 상황으로 가볍게 만들 줄 아는 지혜가 필요하다. 자연스럽게 상황을 반전시킬 수 있는 능력을 가져야 한다.

진정한 대화의 고수는 말 한마디로 분위기 자체를 바꿔버릴 줄 아는 사람이다. 모든 사람들이 중요하다고 여기는 것을 말 한마디로 별것 아니게 만들고, 별것 아니라고 치부하는 것들을 중요한 것으로 탈바꿈시켜 버린다. 난감한 상황을 바꿀 수 있는 기분전환용 멘트를 써보자.

승진심사에서 누락된 동료에게 "어떡하니, 힘내!"라는 말보다는 "승진 누락된 걸 가지고 뭘 그리 신경을 쓰냐! 남보다 먼저 임원이 될 녀석이"라고 등 한번 툭 치고 지나치는 센스가 더 좋지 않을까?

한 달에 한두 번은 꼬박꼬박 가는 문상에서도 상주의 손을 잡고 "너 힘들어서 어떡하니? 얼른 힘내!"라고 하는 평범한 위로보다는 "얼른 기운 차리고 회사에서 보자. 네가 없으니 사무실이 어찌나 썰렁한지 모르겠다. 감기 걸리면 다 네 탓이야. 알았어!"하며 가벼운 기분전환용 멘트로 위로의 말을 대신하는 게 훨씬 좋다.

위로용 멘트는 상대에게 배려를 보내는데 그치지만, 기분전환용 멘트는 상대의 자존심을 회복하고 상대방을 주눅들지 않게 도와준다. 먼저 위로를 해야 할지 기분전환을 해야 할지 신중하게 판단을 하는 게 우선이다.

5. 고객을 좋아한다고 표현할 때 정감 있는 목소리로 말하라

사람의 목소리에는 그 사람의 진심, 나아가 인생이 담겨있다. 정감 있는 목소리를 내라. 메시지의 전달에 있어 목소리가 38%를 차지하며, 표정이 35%, 태도가 20%, 내용은 겨우 7%밖에 차지하지 못한다. 특히 전화상에서는 음성이 82%의 중요도를 차지하지만 말의 내용은 18%의 중요도밖에 띄지 못한다.

이것은 얼굴을 보고 대화하든, 전화로 대화하든 말의 내용보다 음성이 더 중요하다는 뜻이다. 결국은 화려한 말의 내용보다 따뜻한 음성이 더 마음을 파고든다는 의미이다. 단어는 쉽게 바꿀 수 있지만, 음성에는 고스란히 감정이

배어들기 마련이다. 결국 음성이 따듯하려면 진심으로 상대방을 좋아해야 된다. 내용과 함께 음성에 신경을 써라.

바탕이 고와야 그 위에 장식을 해도 멋지게 보이는 것처럼 음성은 대화의 밑그림이며 기본이다. 가장 따뜻하고 진실한 목소리를 내기 위한 최고의 방법은 상대를 진심으로 좋아하고 존경하는 것이라는 점을 명심하라.

6. 고객의 기분을 상하지 않게 하려면 의무가 아닌 권리로 표현하라

똑같은 말이라도 지켜야 하는 '의무'보다는 누려야 할 '권리'로 말함으로써 상대방을 존중할 줄 알아야 한다. 우리는 어릴 적부터 귀가 따갑게 들어왔다. 성숙한 민주주의 시민은 권리를 앞세우기 전에 의무를 다해야 한다고 윤리 시간에는 국가의 4대 의무를 지켜야 한다고 교육을 받았다. 그 의무를 충실히 지킬 때만 자신의 권리를 누릴 수 있다는 것이다. 맞는 말이다. 그러나 어쨌든 '의무'라는 단어는 부담스런 의미로 다가올 수밖에 없다.

어느 부부가 휴일에 모처럼 산책을 마치고 바로 집으로 돌아가기가 싫던 참에 눈에 띈 게 유리창 안으로 예쁜 티 테이블이 놓인 제과점이었다. 그 부부는 제과점으로 들어가 원두커피를 주문했다. 그러자 직원으로 보이는 젊은이가 빤히 그들 부부를 쳐다보며 묻는 것이었다.

"원두커피는 내리는 데 시간이 걸리기 때문에 5분에서 10분 정도는 기다려야 하는데… 그래도 기다리실 거예요?"

말투를 들어보니 기다리게 해서 죄송한 표정이 아니었다. 빵만 사서 가지 몇 분씩 기다릴 필요가 있느냐는 눈빛이었다. 아마도 다른 일도 바쁜데 커피 두 잔 내리기가 귀찮다는 것 같았다. 그러자 그 부부는 오붓한 시간인데 향긋한 원두커피가 빠지면 안 될 것 같아 기다리겠다고 말했다.

그렇게 테이블에 앉아 커피를 기다리는 동안 이른 손님들이 바쁘게 들락날락거리며 빵을 사가는 것을 보고 있자니 굳이 원두커피를 마시고 가겠다는 본인들이 다소 생뚱맞게 느껴지는 것이었다. 게다가 그래도 기다리겠냐는 직원의 말투 때문인지 기다리는 시간이 지루하게 느껴졌다. 제과점이라서 사람들이 커피는 잘 마시지 않고 빵을 주고 사가는데 그렇다면 입구에 큰 글씨로 '원두커피'라고 써 놓지를 말거나, 바쁘고 이른 시간이라 커피를 내리기가 힘들다고 솔직하게 양해를 구했으면 될 일이었다.

결국 그들 부부는 10분 만에 나온 커피를 마셨다. 그러나 기분이 개운치 않았다. 만약에 그 직원이 "저희 가게는 주문을 받고 커피를 내립니다. 미리 만들어 놓는 커피는 좋은 향이 나질 않거든요. 그러니 조금만 기다려 주시면 제가 깜짝 놀랄 정도로 맛있는 커피를 만들어 드리죠."라고 말했다면 어땠을까?

똑같은 사안이라도 기다려야 하는 '의무'로 표현하는지, 혹은 좋은 커피를 먹을 수 있는 '권리'로 표현하는지에 따라 그 느낌은 천차만별일 수밖에 없다.

마찬가지로 손님이 모르고 금연구역에서 담배를 꺼낼 경우 "여기는 금연구역입니다"라는 식으로 쌀쌀맞게 제재하기보다는 "저쪽의 흡연실을 이용하시면 더 편리하실 겁니다"라는 표현으로 고객이 누릴 수 있는 권리를 강조하라. 또한 고객이 감수해야 할 모든 상황에 대해 그 규정을 지킴으로써 고객이 얻는 이익을 설명하라. 고객은 당신에게 훨씬 협조적으로 변할 것이다.

7. 고객이 애매모호한 표현을 할 때 말의 강도를 다르게 한다

상대방의 말투를 보고 그 사람의 화법을 판단하라. 전체적인 대화의 강도를 파악하라는 뜻이다. 사람에 따라 의사를 적극적이고 명확하게 표현하는 이가 있는 반면, 애매한 표현을 즐겨 사용하는 이들도 많기 때문이다. 따라서 늘 정확하게 확인해야 한다. 중요한 것은 나름대로 자의적으로 판단하는 것은 금물이라는 것이다. 사람마다 말의 강도가 다르다는 것을 명심하라.

한국인 사이에서는 "다음에 식사라도 한번 같이 합시다"라고 말하는 것은 단지 "안녕히 가십시오"라는 인사에 다름 아니다. 거의 모두가 이 말이 진정성을 띠고 있다고 믿지 않는다. 그러나 만약 이 말을 외국인에게 했다면 어떻게 됐을까? 외국인은 대뜸 "언제 어디서 만날까요?"라고 물으며 다이어리를 꺼내 당신을 난처하게 할 게 틀림없다.

시쳇말로 우리나라 말은 끝까지 들어봐야 그 뜻을 안다고 하지 않는가! 그만큼 직접적인 화법을 구사하는 경우가 많지 않다는 것을 반증하는 말이다. 상대방이 한 말의 행간을 자세히 읽어야, 뒤집어엎고, 메치고, 반대로 따져 봐야 비로소 그 본뜻을 파악할 수 있다. 물론 화자의 성격에 따라 직접적이고 간접적인 강도는 다양할 것이다. 따라서 만약 상대방이 애매모호한 표현을 할 때는 실례라는 생각에 그냥 넘어가지 마라. 실례를 무릅쓰고서라도 되물어 보는 것이 좋다. 실례라는 생각에 그냥 넘어갔다가 다음에는 커다란 무례가 될 수도 있다.

왠만해서는 내 업무에 비판을 안하던 상사가 "김 대리, 요즘 분발 좀 하지"라고 지나가는 소리로 툭 말을 던졌을 때, 지나가는 소리로 들어서는 결코 안 된다. 이를 간과하면 커다란 화를 자초하게 된다. 나와 관계가 원만한 이가 내 문제점을 충고했다는 것은 이미 문제가 정도를 넘어서 곪을 대로 곪아 터질 지경이라는 뜻이다.

나를 탐탁지 않게 여기거나, 객관적인 입장을 지닌 이들에게는 이미 돌이킬 수 없는 강을 건넜다고 봐도 무방하다. 분발 정도가 아니다. 떨어진 신뢰도를 만회하기 위해 눈에 불을 켜고 뛰어야 할 때인 것이다.

좀처럼 불평이 없던 단골고객이 "요즘엔 바쁜가 보죠? 연락이 없는 걸 보니"라고 말했다면 나와의 관계를 끊고 다른 이에게 가려고 이미 신발끈을 동여맨 상태라는 것을 알

제2장 고객의 마음을 사로잡는 센스 있는 대화

아야 한다.

평소 칭찬에 인색한 사람이 던진 '예쁘네!' 라는 말과 습관적 칭찬에 익숙한 사람이 던진 '예쁘네!' 라는 말이 똑같은 의미겠는가! 늘 칭찬을 입에 달고 사는 사람이 '좋네요!' 라고 말했다고 해서 안심해서는 안 된다. 또한 한번 생각해보겠다는 말이 어떤 사람에게는 수락한다는 뜻이지만, 어떤 사람에게는 돌려서 거절하는 뜻이기도 하다.

이처럼 사람마다 대화의 강도는 천차만별이다. 따라서 상대방의 말버릇과 습관을 파악해 말 속에 담긴 정확한 의도를 파악해야 실수가 없다.

돈을 부르는 대화의 기술

8. 불리한 상황을 넘기려고 할 때 신선한 유머로 분위기를 바꿔라

유머가 고급대화의 필수요소가 되고 있다. 서점에 나가보자. 유머의 중요성을 다룬 책들이 하루에도 몇 권씩 쏟아져 나오고 있다. 유머의 기초적인 마인드를 다룬 책부터 실용 편, 활용 편 등등 종류도 가지각색이다. 그만큼 유머가 시대의 코드로 자리매김했다는 뜻이다.

과묵하고 맡은 바 소임만 충실히 하면 인정받던 시대는 갔다. 업무능력은 기본일 뿐이다. 유머로 직장 선후배 간의 관계를 공고히 할 수 있는 리더십을 발휘할 줄 아는 이가 각광을 받는 시대다.

직장뿐인가? 무뚝뚝하고 근엄한 표정으로 아버지의 권위를 내세우고 가족을 이끌어나가던 방식은 지양되어야 할 시대로 변한 지 오래다. 아이들과 함께 친구처럼 지내야 능력 있는 아버지로 인정을 받는다. 그만큼 권위와 형식보다는 탈권위적이고 자유로운 관계가 요구되고 있다.

친구 사이에서도 좌중을 재미있게 이끌 수 있는 친구가 인기 있고, 이성 간의 데이트에서도 최고의 덕목은 단연코 유머다. 재치 있는 유머는 당신을 센스 있고, 유쾌한 사람으로 탈바꿈시킨다.

그렇다면 유머란 무엇인가? 단지 우스갯소리인가? 상갓집에서 농담을 지껄이는 이를 두고 유머러스하다고 칭찬할 수는 없다. 유머란 상황을 정확히 인식하고, 보다 창조적으로 상황을 이끌어나갈 수 있는 발상의 전환에서 비롯된다.

얼마 전 한 부인이 오래된 냉장고를 바꾸기 위해 가전매장에 들렀다. 맘에 드는 냉장고를 구경하기 위해 매장을 서성일 때였다. 매장 매니저로 보이는 사람이 다가와 정중히 묻는 것이었다.

"무엇을 도와드릴까요?"

"냉장고가 오래되었거든요. 요즘 인기 있는 문이 두 개 달린 최신형 냉장고를 하나 살까 하구요."

"아, 그러세요? 그럼 이쪽으로 오시죠. 제가 안내해드리겠습니다."

그 부인은 매장 매니저와 함께 여러 냉장고를 살펴보았다. 그리고 매니저가 강력 추천한 냉장고를 이리저리 만져보고 직접 문을 열고 살펴보다가 안쪽의 서랍을 열려고 했는데 몇 번을 잡아당겨도 열리지가 않는 것이었다. 무슨 문제가 있나? 서랍이 열리지 않자 심리적으로 구매 욕구가 뚝 떨어지고 있었다. 그런데 그 때 매니저가 살짝 미소를 지으면서 서랍을 잡아당기는 것이었다.

"제가 이 냉장고 서랍을 하루에도 몇 십 번은 열거든요. 그랬더니 이 서랍이 피곤하다고 파업중인 모양입니다. 제가 부드럽게 달래야 열리겠는걸요."

매니저가 재밌게 말하면서 부드럽게 서랍을 잡아당기자 신기하게도 서랍이 스르르 열렸다. 마치 매니저의 말처럼 말이다. 아마도 전에 구경을 했던 고객이 너무 세게 닫는 바람에 서랍 모서리가 꼭 끼어 있었던 모양이었다. 그런데 신기한 것은 매니저의 유쾌한 농담에 열리지 않던 서랍이 짜증이 나기보다는 앙증맞아 보이는 엉뚱한 그 부인의 마음이었다.

맞다. 그 고객은 불리한 상황을 재치와 위트로 넘기는 매니저의 대화법에 홀딱 넘어가고 말았던 것이다. 결국 그 부인은 그 냉장고를 사고 말았다. 만약 매니저의 유머, 틀에 박힌 대화의 방식을 깨뜨리는 재치가 없었다면 그 부인은 냉장고를 사지 않고 다른 매장으로 발걸음을 돌렸을 터였다. 그만큼 매니저의 유머러스한 한마디는 떨어지던 그 부인의 구매 욕구를 붙들어 매는 효과가 있었다.

고정된 틀을 깨라! 많은 인재들이 세계에서 푸대접 받는 중요한 이유가 바로 틀에 박힌 사고 때문이라고 한다. 주어진 단순한 업무는 계산기처럼 잘 해내지만, 정작 창조적인 생각을 할 줄 모른다는 것! 그 대표적인 이유가 딱딱한 사고, 즉 유머가 없기 때문이라고 지적을 한다.

유머관련 서적을 본다고 유머실력이 행상되는 것이 절대 아니다. 상황을 언제나 새롭게 바라보고, 의문점을 자유롭게 풀어낼 때 당신의 유머실력은 급등할 수 있다.

9. 고객과 즐겁게 대화를 워하면 코드를 맞추면 대화가 즐겁다

공통된 관심사를 찾는 노력을 통해 상대방과 코드를 맞춰라. 상대의 마음을 사로잡기 위해서는 "저 사람은 나와 통하는 게 있어"라는 느낌을 주는 게 중요하다. 동질감만큼 상대의 닫힌 마음을 여는 수단이 또 있을까. 그러나 말이 쉽지 동질감을 상대방에게 주는 것은 어려운 일이다.

우리가 만나는 사람은 저마다 고유의 개성을 지니고 있기 때문이다. 아침에 만났던 사람이 트로트 뽕짝을 좋아했다면, 저녁에 만난 사람은 차이코프스키, 라흐마니노프를 즐길 수도 있다. 그만큼 관심사는 개인 간의 격차가 크다.

세일즈맨들이 현장에서 가장 크게 느끼는 고충이 바로 이 점이다. 수많은 사람을 상대해야 하는 세일즈맨들은 매번 새로운 레퍼토리와 분위기로 사람들을 만나야 한다. 어쩔 때는 너무나 다양하게 변하는 자신의 모습에 '나'라는 정체성이 혼란스럽기까지 할 정도라고 한다. 그리고 그 탓에 자신의 직업에 대한 회의를 느끼는 세일즈맨이 많은 것이다. 그러나 '거짓된 가면을 쓰고 상대를 내하는 깃은 아닐

까?' 하는 부정적인 생각을 버려라!

또한 다양한 삶의 방식을 이해하고 관심을 가지는 자세가 필요하다. 그러므로 많은 노력과 경험은 필수다. 서울 한복판에서 만난 넥타이맨에게 요즘 농사가 어떻고 작황이 어떤지 이야기할 수는 없다. 시골 한복판에서 만난 농부에게 코스닥이 어떻고 다우존스 지수가 어떤지 말할 수는 없잖은가!

당신의 폭을 넓혀라. 상황에 맞고 자리에 어울리는 대화를 하는 것은 속 없고 벨 없는 짓이란 생각을 버려라. 그것은 상대방을 위한 당신의 마음가짐일 뿐이다. 긍정적으로 생각해야 한다. 상대를 만나면 당신의 관심사보다는 상대가 어떤 것에 관심을 가지는지에 주목하라.

10. 자신을 표현하는 방법 자신의 부정적인 단점은 말하지 말라

처음 만난 사람 중에도 자신의 부끄러운 부분을 서슴없이 말하는 사람이 있다. 직장 생활에서도 자신의 단점이나 민망한 경험을 누구에게나 아무렇지 않게 털어놓는 솔직한 사람이 있다. 그러나 웬만하면 상대방에게 자신의 부정적인 단점을 말하지 마라.

상대가 물어볼 경우엔 솔직하게 인정하는 것이 매력이 될 수도 있지만, 묻기도 전에 자신의 자질구레한 실패담이나 창피스런 일들을 이야기하는 것은 피해야 한다. 그것은 고해성사가 아니다. 상대는 신부가 아니다. 당신은 당신의 치부로 인해 당당한 파트너가 될 수 없다. 지나치게 솔직한 것은 편안한 인상을 줄 수는 있지만, 때로는 탈이 되기도 한다. 쉬워 보일 수 있다.

당신이 하는 말에 따라 당신의 이미지가 결정된다. 사람들은 누구나 자신감 있고 긍정적인 사람과 만나는 것을 즐긴다. 예를 들어 고객에게 애들이 다 커서 경제적으로 힘드니 계약 하나만 해달라고 통사정을 하면 고객이 계약을 해

줄 수는 있지만, 보험을 들더라도 보험 자체에 매력을 느끼지 못하는 것과 마찬가지다. 그런 계약들은 결코 오래가지 못한다.

'성공하려면 성공한 사람처럼 행동하라'는 격언을 가슴 깊이 명심하라. 상대방에게 좋은 이미지를 심어주기 위해서는 당신의 좋은 말과 장점을 말해야 한다.

반면 자신의 장점도 지나치게 뽐내면 상대방에게 이기적인 사람으로 보일 수 있다. 너무 뽐내지 말고 겸손하면서도 당당하게 자신을 표현할 줄 알아야 한다. 루소의 말처럼 당신 스스로 당신 자신을 자랑하는 것도, 폄하하는 것도 좋지 않다. 스스로에 대한 평가를 삼가라!

제3장
고객의 기분을 살리는 칭찬의 기술

1. 가까운 고객을 대할 때 10번을 칭찬했을지라도 단 1번의 험담도 하지 말라

심리학 연구에 따르면 흥미롭게도 사람이란 칭찬보다 험담을 할 때 더욱 즐거운 기분을 느낀다고 한다. 스트레스 해소 차원이라나. 하여튼 사람 둘 셋만 모이면 없는 사람 험담하는 재미에 푹 빠지는 게 어디 하루 이틀의 일인가 말이다. 그러나 더욱 안타까운 것은 칭찬이란 칭찬은 다 해놓고 결정적인 험담 하나로 말짱 도루묵이 되는 경우이다.

"그런데 말이야, 사람은 다 좋은데…."

칭찬도로를 쌩쌩 잘 달리다 갑자기 말끝을 유턴하는 이들, 어떻게 될까? 대형사고가 나고 만다. 칭찬 10번보다 험담

1번의 힘이 치명적이다. 나쁜 기억은 오래가고 힘이 세다. 당신의 입장에서는 비판적인 말보다 좋은 말을 많이 해주면 덧셈의 법칙에 따라 상대방의 기분이 플러스 상태라고 판단할 수도 있다. 하지만 대화는 덧셈의 법칙이 아니라, 곱셈의 법칙이 적용된다. 한마디의 비판적인 말이 '0', 혹은 '−'의 효과를 발휘하면, 전체의 결과 역시 '0', '−'가 된다.

칭찬 + 칭찬 − 험담 = 칭찬(X)
칭찬 × 칭찬 × 험담 = 험담(○)

함부로 충고하거나 비판, 혹은 분석하지 마라. 상대를 평가하는 것은 상대가 자문을 구할 때만 가능하다. 물론 상사의 자격으로 업무진행을 위해 부하직원의 장단점을 말해줄 수는 있다. 그러나 어디까지나 업무상 관련된 것만 얘기해야지 사적인 부분까지 건드리면 안 된다. 또한 상대방이 솔직하게 자신의 단점을 인정한다고, 쉽게 같이 동조하는 것도 좋지 않다. "본인도 인정하니까 괜찮겠지"하는 마음을 버려라. 내가 인정하는 것과 상대방이 인정하는 것은 다르다.

우리는 종종 친해지면서 서로 간에 예의가 없어지고 상대방을 평가해도 된다는 오류를 범하게 된다. 그러나 명심해야 한다. 우리는 상대방을 평가할 자격이 없다. 그리고 본인도 인정하겠지 싶은 많은 생각들을 정작 본인은 인정하기 싫어한다. 편한 사이일수록 예의를 지켜야 한다. 정말로 고객관리를 잘하는 사람은 상대가 아무리 편한 관계라 하더라도 무턱대고 단점을 말하거나 평가하지 않는다.

2. 고객이 서비스의 기쁨을 맛보게 하려면 당당하고 자연스럽게 고객을 대하라

옛 속담에 '웃는 낮에 침 못 뱉는다' 라는 말이 있다. 그만큼 친절, 칭찬의 중요성을 강조하는 말이다. 이처럼 친절과 칭찬은 대인관계에 있어 최고의 보물이라고 할 수 있다. 그러나 반대로 과례는 비례라는 말도 있다. 지나친 예의범절은 예를 행하지 않은 것보다 못하다는 뜻이다. 친절과 칭찬은 잘 쓰면 약이요, 못 쓰면 독이 될 수도 있다는 것을 명심해야 한다.

TV 시사교양 프로그램에서 불황을 극복하기 위한 업계의 생존전략을 방영한 적이 있다. 톡톡 튀는 세일즈 기법으로

틈새시장을 공략하고, 기존고객에게 새로운 이미지를 심어 주는 등의 다양한 전략을 구사하는 업체 중에서 특히 한 LPG 충전소가 눈에 띄었다. 승용차가 충전소에 들어오자 충전소에서 직원이 득달같이 뛰어나와서는 큰 목소리로 "어서 오십시오!"하며 허리를 90도로 꺾어 인사를 했다. 그러고는 차로 다가온 직원이 숫제 무릎까지 꿇으며 묻는 것이었다.

"손님, 얼마나 넣어드릴까요?"

화면에 비친 운전사의 눈이 휘둥그레져 있었다. 직원의 과장된 인사에 놀란 표정이었다. 그리고 기름을 넣은 뒤 충전소를 빠져나가는 차의 뒤꽁무니에 대고 직원들이 나란히 서서 허리를 90도로 꺾으며 인사를 하고 있었다.

조금 후에 다른 차가 들어왔다. 역시나 직원들의 행동은 똑같았다. 이번엔 운전기사가 화장실이 어디내고 물어보자 직원이 차문을 열어준 뒤, 그가 화장실에서 볼일을 보고 나올 때까지 마치 왕 옆에서 시립이라도 하듯 두 손을 공손히 모으고 화장실 옆에 서 있는 것이었다. 게다가 카드를 건네받은 직원은 두 손으로 카드를 받아 쥐고 뛰어가는데 여전히 상체를 숙인 채였다. 저러다 허리에 병이라도 나지 않을까 싶을 정도였다.

"불황이라는 단어가 실감이 나네요. 친절에 고마우면서도 한편으로는 씁쓸한 기분입니다."

인터뷰에 소감을 밝히고 떠나가는 운전사의 떨떠름한 표정을 읽을 수 있었다. 물론 친절해서 기분 나쁠 리는 없지만 "무릎까지 꿇어가면서까지 서비스할 필요가 있을까?" 하는 생각이 스쳐지나 갔을 터였다.

당신이 서비스업에 종사한다고 너무 저자세가 될 필요는 없다. 특히 유교 문화권에 속하는 우리나라 사람들은 드러내놓고 친절, 칭찬을 받는 문화에 서투르다는 점을 알아야한다. 오히려 친절, 칭찬을 부담스러워 하는 경향도 있다. 또한 요즘 고객들은 왕처럼 섬겨주는 것보다는 수평적인, 대등한 관계로 대해주는 것을 선호하는 경향도 강하다. 한마디로 하인에게 고품격의 대우를 받는 것보다는, 자신과 만나는 사람 또한 자신과 동등하게 품격이 있는 사람을 원하는 것이다.

또한 지나친 칭찬은 받는 사람만 부담스러운 것이 아니다. 당신을 가벼운 사람으로 여기게 할 수도 있다. "이머, 어머,

너무 예뻐요. 얼마나 좋으세요. 복도 많지!" 식의 호들갑스
런 칭찬보다 "미인을 뵈니까 제 기분까지 좋아지네요"라
고 정중하게 애기하는 것이 더 자연스럽다.

친절과 칭찬은 빵에 바르는 버터와 같다. 적당히 발라주면
빵이 훨씬 부드럽고 고소해진다. 하지만 너무 많이 바르면
느끼하고 부담이 간다. 상대가 부담을 느끼지 않을 정도
의 자연스런 친절, 칭찬의 기준을 정하는 게 필요하다. 가
장 깊고 감미로운 차향을 느끼는 온도는 100℃가 아니라
98℃인 것처럼 적당한 친절, 칭찬의 온도를 찾아야 한다.
종이에 물이 스며들 듯 서서히 그리고 천천히 고객의 마음
을 젖게 만드는 친절, 칭찬이라야 감동도 받을 수 있다.

당당하게 자연스러운 태도로 고객을 섬겨라. 당신은 상대
에게 서비스의 기쁨을 맛볼 수 있는 기회를 제공하는 행운
의 여신이라는 생각을 가져라. 자신만만한 사람이 제공하
는 서비스가 더욱 가치 있게 느껴지는 법이다.

3. 가장 훌륭한 칭찬의 테크닉 칭찬도 때로는 가시가 된다

칭찬은 앞서 밝힌 대로 과해서도 안 되지만 또한 비교급을 사용해서도 안 된다. 누구보다 잘한다는 식의 상대적인 비교급 칭찬은 결국에는 가시가 되고 만다.

앞에서 언급한 '칭찬 × 칭찬 × 험담 = 험담'의 공식을 기억하는가? 그러나 위의 직접적인 험담의 경우와 달리, 험담 한마디 없이도 상대방에게 모욕감을 주는 때가 있다. 그 때가 바로 비교할 때인 것이다.

칭찬은 칭찬인데 마이너스가 되는 칭찬. 기껏 칭찬해 놓고 다른 사람과 비교한다면 칭찬은 빛을 잃게 마련이다. 예를 들어 칭찬받는 사람과 동행한 사람을 머쓱하게 하는 어색한 칭찬이 그 일례라고 할 수 있다.

모 기업의 세미나에서 이와 같은 경험을 한 적이 있다. 직원 3명이 1개 조가 되어 경쟁 프레젠테이션을 진행한 뒤 강사에게 평가를 받는 워크숍이었다. 세 명의 여성으로 구성된 1개 조에서 각자 1분 스피치를 발표했다. 그리고 강사가 피드백을 했다.

"먼저 A씨는 발음이 정확하고 뚜렷하군요. 다만 구체적인 주제를 가졌더라면 더욱 집중해서 들을 수 있을 것 같다는 아쉬움이 있었습니다. 다음 B씨는 설명이 아주 재미있고 주제가 명확했습니다. 다만 시선이 불안정합니다. 한 곳만을 뚫어지게 보지 말고 청중을 번갈아 보면 더 효과적이겠죠. 마지막으로 C씨를 말씀드리면, 이분은 워낙 예뻐서 미소 자체로도 청중들이 열심히 들을 것 같습니다. 그리고 주제 선정은⋯."

강사의 피드백에 A, B 직원은 어이가 없었다. 자신들에게는 화법에 대해서만 언급하더니, 마지막 사람에게는 외모를 언급하니, 입장이 묘해진 것이다. 미스코리아 대회도 아닌 바에야 미모를 기준으로 등급을 나눌 필요가 없는 일이었다. 게다가 외모로 칭찬을 들은 C 직원 역시 당황스럽기는 마찬가지였다. 앞의 두 직원에게 죄송하고, 한편으로 자신을 실력이 아닌 외모로 판단하는 강사의 시선에 모욕을 받은 느낌까지 들었다.

이처럼 칭찬을 했음에도, 비교를 하는 바람에 셋 모두에게 험담으로 들리고 마는 경우가 종종 있다. 특히 유의할 것은 현재 눈앞에 없는 사람을 고객 앞에서 칭찬할 때다. 내가 고객과 경쟁 상대인 사람을, 혹은 불편한 관계에 있는 사람을 칭찬중일지도 모른다는 사실에 유념하라. 이럴 경우 반드시 칭찬이 좋은 작용을 하지는 않는다. 당사자는 좋지만 지금 눈앞의 고객에겐 부담이 될 수 있다. 또한 첫눈에 반해 잘 알지도 못하는 사람을 과대 칭찬할 경우, 만약 그 사람이 평판이 안 좋은 사람이었다면 나는 사람 보는 눈이 없다는 나쁜 평판을 얻을 수 있다.

이처럼 제3자를 칭찬할 경우 간단하게 하라. 상대가 제3자를 어떻게 생각하는지 파악한 다음에 칭찬을 하는 게 더 효과적이다. 가장 훌륭한 칭찬의 테크닉은 칭찬하는 사람이나 칭찬받는 사람이나 그리고 주위에서 그것을 듣는 사람까지 기분 좋게 하는 것이다. 칭찬은 때로 아름다운 장미꽃의 가시처럼 당신의 손을 찌를 수 있다는 사실을 명심해야 한다.

4. 기억에 남는 칭찬을 하려면 상대의 보석 같은 장점을 발굴한다

똑같은 칭찬을 하려면 아예 하지 마라. 듣는 상대방이 당신을 식상하게 볼 수 있다. 중간도 못 가는 짓이다. 임금님만 드신다는 수라상도, 산해진미도, 아무리 맛난 음식도 매끼니 때마다 먹는다면 질리게 마련. 칭찬을 아무리 해도 똑같은 칭찬만을 받는다면 어떨까? 별다른 감흥을 느낄 수 없을 것이다.

모든 칭찬이 같은 효과를 발휘하지는 않는다. 저마다 가치가 다르다. 기억에 남는 칭찬을 해야 한다. 그러기 위해서는 남들이 찾아내지 못하는 상대방의 장점을 발견하는 노력이 필요하다. 만약 상대방의 숨겨진 보석 같은 장점을 발견한다면 "이 사람은 나의 진가를 아는군!"하며 강한 인상을 받는다.

칭찬의 종류를 분류해보면 다음과 같다.

① 자신도 알고 남도 아는 이미지 영역

예를 들어 "김태희도 예쁘다" 혹은 "이승엽은 야구를 잘한다" 같이 누구나 알고 있는 이미지의 영역이다. 대부분의 칭찬이 이 경우에 해당한다. 그러나 정작 칭찬을 해도 별다른 효과가 없다. 많이 듣던 칭찬이므로 당사자에게 특별한 느낌을 주지 못한다.

② 자신만 알고 남은 모르는 영역

겉으로는 얌전해 보이는 사람에게서 활화산같이 뜨거운 정열을 발견하는 것처럼, 상대방의 숨어 있는 매력을 발견해 칭찬하는 것.

동양의 선비들은 자신을 알아주는 주군을 위해 한 목숨을 기꺼이 바쳤다. 즉 자신의 숨겨진 장점을 발견해줄 때 상대방에게 헌신할 수 있는 것이다. 자신의 숨겨진 아름다움을 발견해준 카사노바에게 열광했던 122명의 여인들처럼 말이다. 이 영역이 호감을 얻는 데 가장 유효하다. 사람에게는 누구나 인정받고 싶은 부분이 한 가지는 꼭 있게 마련이다. 하지만 사람들은 안목이 없거나 무심해서 보지 못할 때가 많다. 따라서 이 부분을 찾아내 칭찬하면 상대의 마음을 얻고도 남는다.

③ 자신은 모르는데 의외로 남이 아는 부분

누군가 내게 말해주었을 때 "어, 내가 그런 이미지를 가지고 있었나?" 하는 부분이다. 듣는 당사자가 인정하기에 시간이 다소 걸리는 영역이다. 즉시 신뢰감을 얻기보다는 시간이 좀 지나야 효력을 발휘하지만, 한번 인정을 하면 엄청난 효과를 볼 수 있다. 그러나 찾기가 어렵다는 데서 효과적이지는 못하다.

④ 자신도 남도 모르는 영역

한마디로 지하 수십 킬로미터 아래의 캐내지 않은 원석과 같은 부분. 발견할 가능성이 희박하다. 굳이 네 가지 영역 중 하나를 고르라면 Private!

상대방을 칭찬할 때는 그의 Private 장점을 찾아내라. 남들에게 자주 듣지 못하는 칭찬이지만 본인이 가장 소중하게 생각하는 가치를 발견해주는 칭찬이야말로 최대의 극찬이다.

5. 부드러운 회사분위기를 만들려고 할 때 칭찬으로 경영하라

모 패밀리 레스토랑의 체인점 중 전국 매출 1위를 확고부동하게 고수하고 있는 업소를 방문한 적이 있다. 전국의 수많은 체인점 중 1위 매출을, 그것도 반짝하는 단타가 아니라 꾸준히 장타를 치고 있다는 것은 그 업소만의 독특한 영업방식이 없고서는 불가능한 일이다. 그들만의 비밀을 찾기 위한 의도적인 방문이었다. 그러나 매장 사무실에 들어선 순간 꼭꼭 숨겨 놓았으리라 짐작했던 노하우는 쉽게 눈에 띄었다. 사무실 벽에 걸린 커다란 게시판 하나가 노하우의 처음이자 끝이었던 것이다. 게시판에는 매장 담당자부터 아르바이트 학생까지 모두 포함된 이름표가 붙어 있고, 각 이름마다 노란 스티커들이 붙어 있었다.

"이 노란 스티커는 무엇인가요?"

내 물음에 매장 담당자는 친절하게 말해주었다.

"직원들끼리 서로 칭찬받을 때마다 스티커를 하나씩 붙여서 직원들이 얼마나 상대방을 배려하고 격려하는지 알아

보는 스티커입니다."

"그렇군요. 그런데 잘 되고는 있습니까?"

"사실 처음에는 뭘 칭찬할지 몰라 고민이 많았습니다. 수 많은 시행착오 끝에 이제는 칭찬하는 테크닉이 많이 좋아 졌죠."

나는 칭찬 테크닉이라는 담당자의 말에 귀가 솔깃해졌다.

"구체적으로 칭찬의 테크닉은 어떤 것입니까?"

"처음, 칭찬을 해보자고 했더니 대부분 상대방에게 키가 커서 멋있다. 피부가 곱다. 잘 생겼다, 뭐 대충 이런 식이 더군요. 그런데 이런 방식은 왠지 올바른 칭찬이 아니라는 생각이 들었습니다. 게다가 한번 칭찬하고 나면 마땅히 다 른 칭찬거리를 찾을 수가 없더군요. 그래서 다음에는 타고 난 것 말고 노력해서 얻은 것을 구체적으로 칭찬해보기로 했습니다."

"노력해서 얻은 것이라면 어떤 예가 있죠?"

"그러니까 이번에 운전면허 단번에 붙었다며? 와, 대단한데! 혹은 오늘 머리 스타일이 아주 좋은데, 자넨 감각이 뛰어난 것 같아!"

"오늘은 서빙이 무척 좋던데! 손님들이 무척 편안해 하는 것 같더라! 라고 말하는 식이죠. 그러다보니 칭찬할 것도 많아지고 더불어 칭찬하는 사람이나 칭찬받는 사람이나 기분이 좋더라고요. 게다가 거기에서 그치지 않고 더 고민을 했죠. 아무 것도 한 것이 없는 날은 칭찬할 게 없지 않습니까? 그리고 실수가 많은 날도 있을 수 있으니까요. 그래서 이번에는 드러난 업적을 칭찬하기보다 그 업적을 이루기 위한 과정을 구체적으로 칭찬해보자고요."

"구체적인 과정을 말입니까?"

"서빙하고 계산하느라 바쁠 텐데 틈틈이 고객데이터를 확인해서 맞춤 서비스까지 하는 직원을 칭찬한다든지, 착오로 주문한 음식을 바꿔 서빙한 직원에게 단순히 지적만으로 끝나지 않고, 실수 속에서도 언짢아하는 손님에게 침착하게 대응한 점을 칭찬하는 등의 방식으로 말입니다."

매장 담당자의 말을 듣는 순간, 체인점이 1위를 달리는 비결을 확연히 깨달을 수 있었다. 비결은 바로 '칭찬 경영'이었다. 즐거운 매장에서 즐겁게 일하는 것만큼 생산성을 향상하는 수단은 없다는 평범한 진리가 현장에서 그 진가를 발휘하고 있었던 것이다.

체인점의 '칭찬 경영'을 정리하면 다음과 같다.

① 타고난 것보다 업적을 칭찬하라

노력해서 얻어지는 것을 칭찬해야 주위에서 공감하고, 칭찬하는 사람도 위신이 서며, 칭찬받는 사람도 마음이 편하다.

② 업적의 칭찬과 함께 과정을 칭찬하라

상대방에게 동기부여가 가능하며, 작은 일로도 칭찬이 가능하다. 또한 결과에 관계없이 칭찬할 수 있게 된다.

6. 마음에 와 닿는 칭찬을 하려면 구체적으로 칭찬하라

전체적이고 추상적인 칭찬보다는 한두 가지 콕 찍어내는 구체적인 칭찬이 더 마음에 와 닿는다.

"내가 고른 이 레스토랑 어때?"라는 질문에 "좋네"라는 칭찬보다는 "내가 원하는 고풍스럽고 아늑한 식당이야!"라고 칭찬하는 것이 좋다. "저 이번에 승진했어요."라는 말에 "잘 됐네요"라는 말보다 "평소엔 업무를 워낙 정확하고 치밀하게 하셔서 꼭 승진하실 줄 알았습니다"라는 구체적인 칭찬이 더 강한 인상을 남기는 것처럼 말이다.

칭찬하는 것은 쉽다. 내심 썩 내키지 않으면서도 예의상 좋은 말 한마디 내뱉는 게 뭐 어렵겠는가? 하지만 명심해야 할 것이 있다. 가벼운 칭찬은 상대방에게 가볍게 받아들여진다는 사실이다. 진심이 담긴 구체적인 칭찬은 그만큼 큰 효과를 발휘한다.

7. 드러나지 않게 칭찬하는 방법

1) 없는 자리에서 험담하지 말고, 칭찬을 하라

누군가 나에 대해 아낌없이 칭찬을 한다는 소식에 마음이 훈훈해지던 경험. 그 사람이 내가 없는 자리에서도 나를 칭찬한다는 것처럼 반가운 소식이 또 있을까? 그러나 칭찬 보다는 없는 사람 험담하는 데 열을 올리는 게 또한 우리들이다. 얼굴을 맞대고 차마 할 수 없던 험담들을 늘어놓으며 맘껏 스트레스를 푼다.

"에이, 없는 자리에서는 임금님 욕도 할 수 있는 거지. 뭘 그런 것 같고 트집이야?"

이렇게 반문하는 분들도 있겠지만, 결코 아니다. 그 어떤 순간도 남을 험담하지 마라. 정 험담하려면 차라리 그 사람 앞에서 떳떳이 하라. 없는 자리라고 듣지 못할 거라는 생각은 어리석다. 알다시피 한국 사회만큼 인맥관계가 얽히고설킨 곳이 또 있을까하면 다리만 건너면 웬만한 사람은 다들 아는 게 한국이다. 내가 하는 험담은 어떤 식으로든 그의 귀에까지 들리기 마련이다.

2) 여백(餘白)의 칭찬을 하라

요즘은 많이 달라졌다고 하지만, 아직까지도 강하고 자극적인 멋보다는 은근한 멋을 품위 있게 은근한 멋을 품위 있게 여기는 경향이 강한 것이 사실이다. 비어 있음으로써 아름다운 여백의 미처럼 칭찬 또한 여백의 멋을 품을 때 보다 품위가 높아진다.

"사랑은 말로 하는 게 아니야!"
"진정한 친구 사이는 말이 필요 없다!"

우리가 흔히 쓰는 말들에 정답이 있다. 진정한 칭찬은 오히려 말이 필요 없다. 백 마디의 좋은 말보다 믿음과 신뢰의 눈빛 한번을 보내는 게 좋을 때가 있다. 중국 남북조시대에 유의경이 쓴 《세설신어世說新語》의 한 대목은 이런 점을 잘 말해준다.

왕미지는 환이란 사람이 피리를 잘 분다는 소리를 들었을 뿐, 만난 적이 없었다. 길을 가던 왕미지는 우연히 환이의 수레를 만나자 아랫사람을 보내어 한 곡 불어줄 것을 청했다. 환이 역시 벼슬이 꽤 높았음에도 불구하고 왕미지의 명성을 들어서 잘 아는지라 그 앞에서 내리 세 곡을 불었다. 그러고는 자리를 떠났다. 주객 사이에 한마디 말도 오고 간 것이 없었다.

학문과 품성으로 만인의 존경을 받았던 왕미지와 환은 평소 서로 존경의 염을 가지고 있던 차에 우연히 만나게 된다. 지금이라면 "어이쿠, 평소에 말씀 많이 들었습니다. 만나뵙게 되어 영광입니다." 식으로 서로 칭찬의 말을 아끼지 않을 터이지만, 그들은 아무런 말없이 헤어졌을 뿐이었다.

왜 그랬을까? 혹 기분이 나빠서? 기분이 나쁜데 한 곡만 부탁했음에도 세 곡이나 불었겠는가! 그들에게는 굳이 말이 필요 없었던 것이다. 그들은 이미 표정이나 마음으로 충분히 칭찬을 했던 것이다. 이렇듯 진정한 칭찬은 말이 없는 칭찬일 수 있다.

당신의 칭찬 스킬에 어느 정도 익숙해졌다면, 이제 겉으로 드러나는 칭찬의 표현들을 차츰 줄여나가도록 노력하라. 말로 인한 감동보다 글로 인한 감동이 더 크고, 글로 인한 감동보다 행동으로 인한 감동이 더 크다는 격언처럼 칭찬의 말을 넘어서 행동을 하라는 것이다. 행동으로 칭찬하는 당신에겐 모든 이들이 열광할 것이다.

8. 윗사람을 칭찬할 때 칭찬과 아부를 구분한다

칭찬은 대개 윗사람이 아랫사람에게, 혹은 동료 사이에서 이뤄지는 것으로 간주된다. 따라서 아랫사람은 윗사람에게 쉽게 칭찬을 못하는 경향이 강하다. 혹 섣부른 칭찬이 실례가 될까 봐 조심스러운 탓이다.

재계에서 인정받는, 규모가 크지는 않으나 속이 꽉 찼다고 평가받는 모 기업 대표의 수기手記에 나오는 일화이다. 아이엠에프때, 회사가 부도를 내기 일보직전까지 몰렸다고 한다.

어음 만기일은 다가오고, 현금 유동성은 갈수록 떨어졌다. 그는 갈수록 첩첩산중인 암담한 현실 앞에서 회사를 정리하고 싶은 유혹이 불같이 일어났다. 한국 기업의 재무구조상 회사가 망해도 자신까지 망할 일은 아니었으니. 그만 홀홀 털어버리고 편안한 여생을 보내고 싶었던 것이다. 그러나 그의 흔들림은 말단 사원의 칭찬 한마디에 깨끗이 사라지고 말았다.

"사상님, 정말 감사합니다. 지난번 사장님의 충고대로 했더니 정말 효과가 있지 뭡니까. 이제는 아무런 고민없이 회사 일에만 열심히 몰두할 수 있을 것 같습니다. 사장님은 정말 최고입니다."

초롱초롱한 눈빛으로 환하게 웃는 모습에 그는 큰 충격을 받았다. 사실 까마득히 잊고 지내던 일이었다. 휴게실에서 퀭한 낯빛으로 힘없이 앉아 있는 신입사원이 눈에 띄기에 무슨 문제가 있는지 물었고, 사장과 직원 간의 어려움에도 불구하고 스스럼없이 사적인 고민을 얘기하는 신입사원의 태도에 기분이 좋아져, 인생선배로서 나름대로의 해결방안을 제시했던 적이 있었다.

그 뒤로 까맣게 잊고 지냈는데 직원이 먼저 다가와 감사의 말을 전하니 되레 자신이 고마워할 일이었다.
"직원들이 나를 이렇게나 믿고 따르는데, 어렵다고 도망갈 생각부터 하다니…"

결국 그는 직원의 한마디 칭찬에 큰 용기를 얻어 좌절하지 않고 난관을 헤쳐 나왔다고 한다.

당신의 칭찬 한마디에 윗사람이 감격할 때가 있다. 아랫사람이 살갑게 건네는 칭찬은 큰 힘이 된다. 물론 체면상 칭찬을 받고도 그 자리에서 좋다는 내색을 하지 않을지라도, 마음속에서는 우선 당신의 배려와 관심에 고마워하고 당신을 눈여겨볼 것이다.

단, 윗사람을 칭찬할 때 반드시 유의할 점이 있다.

① 칭찬할만한 것이면 칭찬한다.

윗사람을 칭찬하지 못하는 이들의 말은 대게 비슷하다.

"상사에게 손바닥만 잘 비비는 인간이 주위에 여럿 있습니다. 그 꼴 보기 싫어서 저는 웬만하면 안하게 됩니다."

"혹 아첨하는 인간이란 오해를 받을까 봐요."
물론 직장뿐만 아니라 모든 사회집단 안에서는 실력이 아니라, 아첨을 일삼음으로 가외의 이득을 얻는 부류가 분명 존재한다. 하지만 그들의 말로는 언제나 비참하다.

그들의 행태를 보며 화를 낸다는 것은 달리 보면 그렇게 하지 못하는 자기 자신의 도덕적 잣대에 화가 나는 것일 수도 있다. 자신을 믿어라. 확실히 칭찬할 만하다고 생각하면 상사라도 아낌없이 칭친하라. 만약 칭찬의 효과로 가외의 이득의 상사가 줄 경우. 과감하게 받지 않는 용기도 필요하다. 주위뿐만 아니라 상사 또한 나를 달리 보게 된다.

② 능력에 대한 칭찬이 아니라, 당신이 받은 혜택을 위주로 말하라

"팀장님, 이번 계약은 정말 잘 처리하셨습니다."라는 말은 당신의 영역을 넘어서는 범위다. 오히려 상사 입장에서는 무례하다고 느낄 위험이 크다. '잘 했다, 못 했다'를 결정하는 권한은 당신에게 없다. "팀장님이 계약을 처리해주신 덕분에 저희가 신명이 납니다"처럼 혜택을 위주로 말하는 게 훨씬 더 좋은 표현이다. 용기를 내어 윗사람을 칭찬해보자. 어려운 만큼 확실히 칭찬을 한다면 최고의 칭찬이 될 수 있다.

제4장
고객의 호감을 얻는 듣기의 기술

1. 오해의 소지가 있을 때 부연 설명을 하라

내가 말을 할 때는 상대방이 어떻게 받아들이는지 신경을 써야 한다. 상대가 듣건 말건 자지가 할 말만 하는 사람처럼 미운 사림이 없다. 대화의 기준은 '나'가 아니다. 대화의 기준은 언제나 '상대방'이다.

서비스 교육이 전공이기에 일반인보다는 화법에 나름의 자신감이 있는 전문가조차 말실수를 하는 경우가 종종 있다. 민감한 감각을 지닌 상대를 만날 때가 특히 그렇다.

필자가 한번은 서비스컨설팅을 맡고 있던 회사의 사내 단합대회에 참여한 적이 있었다. 모처럼 맑고 쾌청한 날시 속에서의 야외 나들이라 직원들의 얼굴은 활짝 피어 있었다. 발야구부터 족구, 줄다리기 등의 체육활동을 즐겁게 하고, 평소 근엄하던 사장님이 장기자랑 무대에서 바보 흉내를 내며 춤을 춰 직원의 흥을 돋우는 등 모두 흥겹게 즐기는 시간이었다. 무엇보다 레크리에이션 전문업체가 행사를 주관하니 역시 수준이 달랐다.

그렇게 여러 가지 게임을 하던 중에 끝말잇기 게임에 필자도 참여하게 되었다. 그런데 문제는 우연히 어찌어찌 하다 보니 필자와 젊은 여직원이 끝까지 남게 되고 말았던 것이다. 외부인사가 결승에 오르는 것은 아무래도 경우에 맞지 않는 듯해 그만 사양을 하려고 내심 생각하고 있는데, 상황은 그렇게 흘러가지 않았다.

"우와! 우승 상품이 정수기네요! 누가 정수기를 얻을지 흥미진진합니다."

강사의 호들갑에 혹 필자가 우승을 해 정수기를 타면 어쩌나 걱정이 앞섰다.

"그냥 제가 졌다고 하면 안 될까요? 상품은 직원에게 돌아가야죠."

그러나 무심코 내뱉은 내 말은 큰 실수였다. 같이 결승전에 오른 여직원이 기분 나쁘다는 듯 말하는 것이었다.

"제가 꼭 질 것처럼 이야기하시네요. 길고 짧은 건 대봐야 한다는 말도 모르시나요?"

그녀는 필자의 말을 자신을 무시하는 것으로 받아들였던 것이다.

"죄송합니다. 제 말 뜻은 결코 그런 뜻이 아니었어요. 저는 외부인사라 행사에 초청해주신 것만도 감사한데, 직원에게 돌아가야 할 상품을 가질 수는 없다는 생각에 그만···. 하여튼 기분 상하셨다면 정말 죄송해요."

필자는 그녀에게 정중히 사과할 수밖에 없었다. 결국 레크리에이션 강사의 중재로 필자와 그녀는 끝말잇기 게임을 할 수밖에 없었다. 결과는 필자의 승리였다. 게임은 게임이었으니 말이다. 하지만 단합대회가 끝나고 난 뒤, 필자는 그녀에게 정수기를 선물했다.

어쨌든 선물은 회사를 위해 고생하는 직원에게 돌아가야 하는 것이었으니, 그녀 또한 자신이 괜한 오해를 한 것 같다며 죄송하다고 말해 서로 화해를 할 수 있었다. 오해의 소지가 있다 싶은 경우에는 꼭 부연설명을 해야 한다. 자신이 판단하기에 조금이라도 미진한 감이 있다면 꼭 동치가 나게 마련이다.

"에이, 그 정도쯤이야 알아서 이해하겠지"하며 미뤄서는 안 된다. 또한 너무 지나치게 반복 설명하는 것도 오히려 부작용을 일으킬 수 있다.

"내가 그것도 이애 목한다고 생각하나? 왜 계속해서 같은 말을 만족하는 거야?"처럼 자신을 무시한다고 오해할 수 있다.

2. 고객의 말에 경청을 잘 하려면 상대가 말을 시작할 때 주의를 기울인다

성공적인 경청을 위해서는 대화가 시작되기 전에 미리 주의를 집중하라. 처음 몇 마디도 결코 놓쳐서는 안 된다. 메시지를 부분적으로 듣지 말고 전체적으로 들어야 한다. 나무가 아닌 숲을 보아야 한다는 것이다. 고객의 말하는 바를 제대로 듣지 않아 고객이 큰 피해를 보는 경우가 종종 있다.

조그마한 무역업을 하는 30대의 한 젊은 사장은 사무실을 옮기고 전화 이전 신청을 위해 전화국에 연락을 했었다. 몇 번의 신호음이 울린 뒤 전화국 직원의 바쁜 목소리가 흘러나왔다.

"네, 전화국입니다. 무엇을 도와드릴까요?"

"전화 이전 신청을 하려는데요. 내일 오전 12시까지 가능한가요?"

"아, 예, 예. 새로 이사 가시는 곳의 주소가 어떻게 되시죠?"

수화기 너머로 들려오는 전화국 직원의 요구에 나는 주소를 일러주고 더해서 말을 덧붙였다.

"사무실이기 때문에 중간에 전화가 끊어지면 안 되거든요, 부탁 좀 드릴게요."

"예, 예. 우선 현재 사용하고 있는 전화를 해지해야 지금 쓰는 번호 그래도 새로운 곳에 신청을 할 수 있습니다. 먼저 관할 전화국에 전화 해지를 신청하세요."

전화국 직원은 전달사항을 황급히 말하고 전화를 끊었다. 그러나 다음날 회사를 이전하고 12시가 훌쩍 넘어 오후 3시가 되도록 전화국 직원이 오지 않았다. 그 사장은 점점 조바심이 나기 시작했다. 내일부터 한 주가 시작되는 월요일이었다. 답답한 마음에 다시 전화국에 전화를 걸었는데 이번에는 다른 직원이 받는 것이었다.

"왜 전화 설치를 하러 안 오시죠? 저쪽 전화는 벌써 해지가 됐는데, 이렇게 중간에 끊어지면 어떡해요? 해지와 설치가 동시에 이루어져야 영업에 지장을 안 받잖아요!"

그러나 사장의 말에 돌아오는 대답은 황당하기 그지없었다.

"제가 전화를 받지 않아 잘 모르겠네요. 하여튼 지금 사정으로는 설치는 사흘 후에나 가능하겠습니다. 죄송합니다." 자신이 전화를 받지 않았으니 책임이 없다는 식이었다. 결국 울며 겨자 먹기로 필자는 사흘 동안 업무에 큰 지장을 받을 수밖에 없었다.

처음 전화를 받았던 직원은 상대방의 말을 경청하는 자세가 부족한 이였던 것이다. 그리고 그 때문에 사장은 막심한 피해를 보았다. 상대의 말을 경청하려면 상대가 말하기 시작할 때 주의를 기울이면 안 된다. 이미 그 전에 주의를 집중하고 있어야 한다. 다시 말해 고객의 전화를 받을 때는 벨이 울리는 순간 이미 들을 준비가 되어 있어야 한다는 것이다. 다른 곳에 신경을 쓰면서 건성으로 수화기를 들면 성공적인 대화가 불가능하다. 고객의 전화를 받기 전부터 고객에게 집중하라.

제5장
상대의 기분을 상하지 않게 '노' 하는 기술

1. '노'라고 말할 때 당당하게, 그러나 상하지 않게 말하라

친절이란 항상 '예스Yes'만 남발하는 것은 아니다. 예스 맨은 무시받기 십상이다. 남에게 상처주기 싫어서 굳이 얼굴 붉힐 필요가 없어서 웬만하면 '예스Yes'를 한다는 이들이 있다. 거짓말이다. 남에게 상처를 주기 싫은 게 아니라, 자신이 거절했을 대 상대방이 자신에게 뭐라 그러지 않을까 그게 두려운 것이다. 카리스마가 없는 사람은 매력적이지 않다. '노No'라고 생각이 들 때는 반드시 말해야 한다.

일을 시킬 때마다 군소리 없이 척척 하는 A와, 일을 시킬 때마다 불평불만에 제대로 일처리도 못하는 B가 있다. 누가 힘들까? B? 아니다, A다. A는 B의 몫까지 도맡아야 하기 때문이다. 물론 그만큼의 대가가 있다면야 상관없지만 불평을 하기 전에 A는 먼저 자신의 태도를 돌아봐야 한다. 어떤 일은 내소관이 아니었는데 내가 아무 불평 없이 일을 했는지, 아마 틀림없이 그런 경우가 있을 것이다. 그것은 비일비재로 부당하다고 판단될 때는 분명하게 거절의 의사를 표현해야 한다. 그래야만 앞으로 자신에게 부당하게 돌아오는 일이 없다.

나와 상대방은 상호동등한 관계이다. 진정으로 내가 상대방을 존중하려면, 상대도 나를 존중해야만 한다는 것이다. 나를 별것 아닌 사람으로 취급하는 자를 존중할 수는 없잖은가! 그러기 위해서는 무엇보다 친절하되 위엄과 교양을 갖춰 상대 앞에서 카리스마를 갖춰야 한다.

1) 어린아이처럼 말하거나 고객 앞에서 일부러 애교스럽게 표현할 필요는 없다.

2) 잘못했을 때 너무 주눅이 들거나 손으로 입을 가리면서 부끄러워하지 말고 정중하게 사과하는 것이 적절한 행동이다.

3) 상대방의 의견에 무조건 동의하는 것은 좋지 않다. 의견이 생길 경우 질문을 통해 요구사항을 물어보고 자신의

의견을 피력하는 것이 좋다.

4) 스스로 자신의 권리를 찾아라. 예를 들어 보험설계사인 나에게 고객이 자꾸만 '아줌마'라고 부른다면 간접적인 방식으로 호칭을 가르쳐 주는 것이 좋다. "저희 회사에서는 저를 FC라고 합니다. 전화하실 일 있으면 OOO FC를 찾으시면 됩니다."라고 언급하는 것이다.

5) 고객이 특별히 계약을 하지도 않으면서 자꾸 오라 가라할 땐 싫은 내색을 하지 말고 다만 고객에게 약간의 부담을 줘라.

"고객님이 도움이 필요하시다면 제가 찾아 봬야죠. 그런데 지금 회사에 급한 일이 생겨서요. 제가 상사에게 양해를 구해보고 바로 연락드리겠습니다."라고 하면 고객도 이번 방문엔 뭔가 의사를 표현할 것이다.

상대방을 위한다는 생각에 무조건 끌어가는 것은 좋지 않다. 예스맨은 상대방과 진정한 친구가 될 수 없다. 진정한 친구란 싸울 때도 있어야 하는 법이다. 당신이 상대방과 진정한 친구가 되려면 당당히 '노'라고 말하라.

2. 고객이 약속을 지키지 않을 때 정중한 경고를 잊지 말라

상대방이 약속을 어겼을 때, 처음이라는 생각으로 그냥 넘어가지 마라. 반드시 적절한 피드백이 필요하다. 세 살 버릇 여든까지 간다는 속담처럼 약속시간을 어기는 버릇을 잘못 몸에 배면 쉽게 고쳐지지 않는다.

약속시간을 정확히 지키는 사람은 한결같다. 이미 약속시간에 맞춰 어떤 교통수간이면 얼마만큼의 시간이 걸리고, 교통체증이나 돌발 상황에 따라 늘어날 수 있는 시간까지 염두에 두고 출발하는 버릇이 몸에 배어 있기 때문이다. 마찬가지로 약속시간에 늦는 사람은 매번 늦는다.

"아이쿠, 이거 기다리게 해서 정말 죄송합니다. 뭐라고 사과를 드려야 할지…."

마치 죽을죄라도 지은 듯 미리 머리부터 조아리는 유형이 있는가 하면,

"하여튼 서울 교통이란 걸 믿지를 말아야 하는데, 국민들 혈세를 다 어디다 쓰는지 몰라! 안 그렇습니까?"

적반하장 식으로 되레 약속시간에 늦은 걸 남의 탓으로 돌리는 유형도 있는 등 변명을 하는 모습들도 참으로 각양각색이다. 그러나 기다리다 지친 사람들은 상대방이 늑장을 부리다 늦었는지, 정말 피치 못할 사정으로 늦었는지 잘알고 있다. 몸에 밴 고기냄새나 지우고 거짓말을 해야 할 것 아닌가 말이다.

한번 만나고 다시는 만날 필요가 없는 사이면 그냥 넘어가도 좋다. 그러나 계속해서 만날 사람이면 반드시 피드백이 필요하다. 만약 첫 만남에서 약속시간에 늦었는데도 적절한 반응이 없다면 다음의 만남에서 정시에 도착할 가능성은 거의 없다고 봐도 무방하다.

더욱 문제가 되는 것은 비단 약속시간만 아니라, 그 외의 모든 것들에서 비슷한 행동을 취할 공산이 크다는 것이다. 알게 모르게 상대방의 맘속에는 나에 대해 약속을 어겨도 뭐라 그러지 않는 '쉬운 사람'이라는 평가가 내려져 있을지도 모른다. 만약 상대방이 약속시간에 늦었다면 정중한 경고를 잊지 마라.

"이제야 오셨네요. 안 오시는 줄 알고 마침 일어나는 길인데, 다음번에는 늦으시면 미리 전화를 주세요. 부탁드립니다."

내가 정중하게 부탁하면 할수록 상대방은 미안해 하게 마련이다. 그리고 대부분의 경우 다음번에는 시간에 늦지 않거나, 혹 피치 못할 사정이 있으면 미리 연락을 하게 된다. 만약 그렇지 않으면? 말할 필요도 없다. 그런 사람과는 관계를 유지할 필요가 없다.

만나면 만날수록 당신에게 이득이 아닌, 손해를 줄 사람이다. 당신의 기억에서 말끔히 지워버려라. 단 주의해야 할 것은 상대방이 불쾌한 기분이 들어서는 절대 안 된다는 것이다. 적절한 수위로 상대방이 약속시간에 늦었다는 것을 상기시키는 게 관건이다.

3. 부탁을 받았을 때 세 번은 심사숙고하라

너무 많은 약속을 하지 마라. 약속이 스트레스의 주범이 된다. 일말의 의혹이라도 있다면 상대방이 서운하다고 해도 즉답을 피하라. 그러나 상대방의 부탁을 쉽게 거절하지 못하는 경우가 많다. 게다가 노래가사처럼 정(情) 하나로 다져온 자랑스러운 대한민국이기에 우리나라처럼 보증 잘 서주는 민족도 없다. 절친한 친구라서, 믿을 만한 선후배라서 십 원 하나 자신이 써보지도 못하고 쪽박 차는 이들이 비일비재하다.

왜 그럴까? 단지 정 때문에? 아니다. 문제는 '멋지게 거절하는 방법' 을 모르기 때문이다. 마음속에서는 절대 들어주면 안 되는데 하면서도 거절하지 못하는 것은 어떻게 하면 얼굴 붉히지 않고 난처한 상황을 피할 수 있는지를 모르는 탓이 크다. 결국 울며 겨자 먹기로 들어주는 수밖에 없다.

조그마한 오퍼상을 하는 여사장이 어느 날 동창회에서 우연히 만난 친구가 있었다. 같은 학년이었지만, 말 한번 섞어본 적이 없던 친구였다. 당연히 기억에 남아 있을 리도 없고, 어쨌든 동창회다 보니 친구들 틈에 섞여 반갑게 이

런저런 이야기를 나누다가 어떤 대목에서 별생각 없이,

"그럼 다음에 사무실로 한번 찾아와"라고 말을 했다.

물론 그 말도 당사자인 사장은 바로 다음날 잊었지만 며칠
후 정말로 친구가 사장의 사무실에 그것도 커다란 사무실
용 정수기를 들고찾아왔던 것이다.

"이건 아닌데…."

잠시 당황했지만 사장은 입술을 악물고 정중히 거절의사
를 밝혔다. 갑작스레 물건까지 가져오는 것은 실례가 아닌
지 되물었다. 먼저 의사를 묻고 확실히 계약이 끝난 뒤에
야 상품이 설치되는 게 정석이 아닌가. 그런데 되돌아오는
그의 반문과 애원에 사장은 정신이 아찔했다. 만나자는 얘
기가 허락하는 이야긴 줄 알았다는 것이다.

"친구사인데 내가 친구를 속이겠냐? 이 물건 좋은 물건이
야. 사실 이런 말은 안 하려고 했는데 우리 남편이 간암 말
기야. 애들 키우려면 이렇게라도 해야 해. 부탁이야."

이 부분에서 대부분의 사람들은 어쩔 수 없이 생각에도 없

던 물건을 덥석 껴안을 수밖에 없었을 것이다. 하지만 그 여사장은 고개를 저었다. 절망 친구를 위한다면 그 상황에서 부탁을 들어주어서는 안 되는 것이다. 친구가 세일즈 영업을 제대로 하기 위해서는 따끔한 훈계도 필요한 것이므로 결국 그 사장은 친구에게 사적인 관계로서가 아닌 공적인 관계로서 영업을 해야 한다는 것을 정중히 말하고, 다음에 다시 공적인 세일즈 영업자로 찾아오면 심사숙고 해보겠다고 말했다.

하지만 그 후로 친구는 다시는 찾아오지 않았다. 만약 그가 다시 찾아와 다양한 효능들을 설명했다면 여사장은 구입할 생각이었다. 그러나 그 친구는 사장의 냉정한 반응에 서운했던 것이다.

아무리 사소한 일이라도 상대방이 당신에게 무언가를 부탁한다면 최소한 세 번 이상 심사숙고하라. 그것이 비록 당장에는 얼굴을 붉히게 한다고 해도 뒤에 가면 옳은 결정이라는 것을 확신할 수 있을 것이다.

제6장
5분 만에 고객의 신뢰를 얻는 대화의 기술

1. 고객심리 60가지, 고객의 심리를 알면 대화가 쉬워진다

고객의 마음속에 감추어진 심리를 알면 대화가 쉬워지고 비즈니스가 성공하기 쉽다. 스포츠 음료를 찾는 사람이 있다고 했을 때, 그가 스포츠 음료를 찾는 이유는 갈증해소를 위해, 그냥 좋아하니까 등 나름의 이유가 있다. 그 많은 이유 가운데는 '다른 사람과 좀 다르게 보이고 싶어서' 라는 내면의 욕구도 존재한다.

이와 같이 인간은 겉으로 드러나는 표면적인 욕구 외에도 내면적인 욕구를 분명히 갖고 있다. 이것을 내재적인 욕망이라고 할 수도 있다. 그렇다면 인간의 욕망을 간추린다면 몇 가지로 정리할 수 있을까? 필자 나름대로 정리해본 결과, 인간의 수많은 욕구 가운데 60가지의 기본 욕구만 알고 있으면 비즈니스 대화에서 직면하는 문제의 80%는 설명할 수 있다고 본다.

사람들의 심리 표현 중에서 '책임감'을 예로 들어보자. 모든 인간은 '책임감을 중요하게 생각해야 한다.'는 의식을 갖고 있다. 따라서 "당신은 책임감이 무척 강하네요."라고 칭찬해주면 누구나 좋아한다. 그러나 책임감 이면에는 또 다른 같은 욕망이 자리 잡고 있다. 바로 책임지고 싶지 않은 마음이, 즉 '책임전가'이다.

이를 대화에 적극 활용해서 "책임감이 무척 강하시네요. 하지만 이것은 당신의 책임이 아닙니다."라고 말해주면 그 책임감과 그 이면에 있는 책임전가에 대한 욕구가 자극되어서 만족스러운 미소를 짓게 된다.

인간의 심리를 알게 되고, 인간의 욕망을 파악하는 것은 비즈니스 대화뿐만 아니라 원만한 인간관계를 유지하는데도 도움을 줄 수 있다. 고객과 대화에서 고객이 말하고 있는 단어 뒤에 숨겨진 또 다른 욕구, 아직 말하지 않은 욕망이 있다는 사실을 사전에 알아두는 것도 좋을 것이다.

만약 당신이 욕망의 심리적 구조를 사전에 알고 있다면 고객에게 더 따뜻하게 다가설 수 잇을 것이다. 심리치료사는

60가지의 인간의 욕구와 관련해 언어를 매개로 접근해 나간다. 이런 일련의 과정을 통해 환자는 마음의 응어리를 풀고 다시 일어설 수 있는 힘을 얻는다. 따라서 심리치료사는 고도의 언어를 구사해 환자의 기본 욕구를 충족시키고자 노력한다.

마찬가지로 세일즈맨의 역할은 상품이나 서비스를 제공해 줌으로써 고객의 욕구를 충족시켜 주는 것이 그의 목적이 아니겠는가? 고객이 만족을 느꼈을 때 비로소 비즈니스가 완성되었다고 할 수 잇을 것이다.

2. 대화가 끊어지지 않게 하려면 대화의 흐름의 기술을 익혀라

고객과 대화를 하면서 대화가 끊어지지 않고 고객의 마음을 사로잡는 마법의 대화기술은 4개의 계단을 순서대로 밟아 올라가기만 하면 된다. 그런데 이 방법은 당신이 생각하기보나 훨씬 쉽다. 이 방법을 비유해서 난이도를 설명한다면 전단지로 종이접시를 만드는 것과 같다.

1) 첫 번째 계단 – 질문대화

첫 번째는 단 한 마디의 질문이면 충분하다. 이 단계에서는 눈앞에 있는 고객이 진자 구매의지가 있는지, 없는지를 간파하는 것이 목적이다.

고객은 무슨 말부터 꺼내야할지 고민하고 있다. 이때 먼저 다가가서 "어서 오세요? 무얼 찾으세요?"하고 질문을 던진다. 질문을 받은 고객은 겉으로는 드러난 자신의 행동 이면에 감추어진 속마음을 말하기 시작한다. 금전적인 문제, 인간관계가 불러오는 다정한 문제를 이야기하기도 하고, 현재 시스템의 불만을 털어놓기도 한다.
고객이 지닌 다양한 욕구만큼 그들이 시작하는 말은 천차만별이다.

2) 두 번째 계단 – 경청 대화

앞에서 질문대화로 고객의 구매의사를 포착했다면, 이번에는 고객 분석 질문을 통해 고객의 진정한 욕구를 듣는다. 두 번째 단계의 포인트는 고객의 요구사항을 정확히 확인하는 일이다. 실제 현장에서는 이 단계에서 대부분의 시간을 할애하게 될 것이다.

고객이 보내주는 정보를 힌트로 대화를 확장해 나간다. 예를 들면 다음과 같다.

"아, 그러시군요. 그 점이 많이 불편하셨군요. 좀더 자세히 듣고 싶은 데요 좀더 구체적으로 말씀해주시겠어요?"

즉, 고객의 분석질문을 하는 것이다. 이 두 번째 단계를 재미있게 표현한다면 '말꼬리를 잡고 늘어지기'라고 할 수 있다. 첫 번째 단계에서 당신은 고객에게 질문을 던졌다. 이어서 고객의 답이 이어질 것이다. 그 대답을 매개로 말꼬리를 잡기 시작하는 것이다. 고객의 이야기에 대해 더 이상 새로운 화제가 등장하지 않을 때 다음 단계로 올라간다.

3) 세 번째 계단 – 확인대화

세 번째 계단은 고객의 요구를 확인하는 단계다. 고객이 진정으로 원하는 것을 모조리 끄집어내든지, 혹시라도 빠진 것은 없는지 다시 확인하는 시간을 갖는다. 구체적으로 살펴보면 다음과 같다.

"네, 잘 알겠습니다. 고객님께서는 처음에 A를 사고 싶다고 하셨는데, 제가 그 물품의 문제점이 무엇이냐고 여쭸더니 B라고 말씀하셨습니다. 그러면 혹시 더 필요한 것은 없으신지요?"

이와 같이 고객의 요구를 고객과 함께 점검해 나간다. 이계단에서는 확인대화를 통해 서서히 마무리 단계로 나아간다.

4) 네 번째 계단 - 제안, 마무리 대화

최종단계에서는 최고의 마무리 화법으로 상담을 진행시킨다. 고객의 요구 사항을 충족시켜줄 수 있는 최적의 제안으로 끝으로, 계약체결이라는 관문을 뚫는 과정이다. 마지막 계약을 체결하기 전에 고객의 욕구를 충족시키는 부분과 충족시키지 못하는 부분을 명확하게 구분을 지은 다음, 제안하고자 하는 내용을 설명해 나간다.

판매는 고객이 무엇을 어디까지 원하는지 포착하는 일이 최우선 과제다. 나머지는 고객의 요구를 바탕으로 거래가

가능한지를 서로 검토하는 과정이다. 이것이 판매의 전부
다.

3. 비즈니스대화를 성공으로 이끌려면 고객이 진정으로 무엇을 원하는지를 알라

비즈니스 대화에서 고객의 진정한 니즈(필요)에 귀를 기
울이지 않는다면 절대 성공할 수 없다. 즉 고객의 진정한
니즈를 들으려고 하지 않고 그저 파는 일만 집착하다가는
절대 성공할 수 없다. 고객은 전문가가 아니다. 따라서 고
객이 알지 못하는 것을 지적해주고 고객의 진정한 욕구를
일깨워준다면 고객도 웃으면서 "아, 그러네요, 그럼 그것
으로 주세요." 라고 말할 것이다.

이것이 진정한 대화의 기술이다. 이런 커뮤니케이션을 통
해 고객의 진정한 욕구를 채워주는 일이야 말로 고객만족
으로 이어질 수 있을 것이다.

일본에서 '경영의 신'으로 불리는 마쓰시다 고노스끼도 "장사란 고객의 불편한 점을 해소해 주는 대가로 돈을 받는 일'이라고 말했다.

경영의 신도 지적한 당연지사를 많은 사람들이 무시한 채 먼 곳에서 성공의 비법을 찾으려고 발버둥치고 있다. 많은 판매사원들은 고객의 마음을 헤아리기는커녕 아무런 정보도 없는 고객에게 불쑥 다가가서 상품을 강매하는 것이 현실이다.

비즈니스 대화를 성공으로 이끄는 방법은 간단하다.

"당신이 진정으로 원하는 것이 무엇입니까?"

"그럼, 이것이 당신에게 맞는 제품이군요."

이것이 전부다. 이 두 가지 방법만 가지고도 고객 만족을 이끌어낼 수 있다. 그런데 사람들은 첫 번째 사실을 건너뛴다. 그리고 그 사실을 깨닫지 못한 채 모든 힘과 에너지를 두 번째에 투입한다.

고객의 니즈를 끌어내고자 한다면 당신은 당신 앞에 있는 고객의 이야기에 귀를 기울이며 그의 진심을 간파해야 한다. 하지만 대부분 사람들은 눈앞에 있는 고객의 진심에는 전혀 관심을 기울이지 않고 자신의 상품이나 서비스를 팔려고 강요한다.

가끔 이런 강요가 통하는 기막힌 능력을 사람이 있다. 그들은 그런 방법을 통해 각 분야의 스타가 되고 영웅이 된다. 그리고 자신의 성공담을 엮어 책을 내기도 한다.

4. 고객의 뇌리에 남게 하려면 표현방식을 달리해본다

형용사를 적절하게 써서 맛깔스러운 느낌을 연출하라. 같은 표현을 반복해서 쓰면 단조로운 느낌과 획일적인 이미지를 주게 된다. 다양한 표현력을 기르는 노력이 중요하다.

붉다, 불그스름하다, 붉디붉다, 불그스레하다, 불그레하다, 불그데데하다, 불그무레하다, 불그뎅뎅하다, 불그숙숙하다, 불그죽죽하다. '붉다'는 한 단어로 우리는 수많은 형용

사를 만들어내는 민족이다. 세종대왕께서 한글을 창제하
신 뒤고 이 파생어들 때문에 한국어를 공부하는 외국인들
은 골머리를 싸맬 수밖에 없게 됐다.

형용사가 풍부하다는 것은 그만큼 우리의 감수성이 풍부
하다는 것. 그러나 의외로 주위의 대화를 들어보면 그 풍
부한 감정이 다 어디로 갔는지 의아해진다. 어릴 적 영어
회화공부를 하던 것처럼,

How are you?
I'm fine. Thank you and you?

주위에서 이와 같은 단순한 형태를 벗어나는 대화를 좀처
럼 보기 드물다. 격식과 예절에 맞는 대화를 위해 어쩔 수
없이 매뉴얼적인 공식이 필요하다는 말에 한숨이 나올 뿐
이다. 심지어 마치 혼자 벽을 보고 대화를 하는 것 같은 이
들을 만날 때도 있다.

상대방의 분위기를 파악도 안하고 제 할 말만 후다닥 해
치우고는 할 말 다했다는 식이다. 이것은 '대화'가 아니라
'독백'이요, 쓸 데 없는 '중얼거림'일 뿐이다. 이러한 행동
은 '품격'이란 단어를 잘못 이해하는 소치다. 품격 있는 분

들을 만나보면 의외로 그들의 말과 행동들이 재치와 위트로 무장되어 있다는 것을 알 수 있다. 자신감의 발로인 것이다. 적절한 예절을 지키면서도 상황을 자연스럽게 장악하는 능력 말이다.

당신이 휴대폰을 판매하는 영업자라고 가정해 보자. 고객이 여러 휴대폰 중에 하나의 신형 기종에 관심을 보일 때 "이 제품 아주 잘 나왔어요." 라며 어느 대리점에서나 들을 수 있는 식상한 표현을 쓴다면 당신만의 차별성을 보여줄 수가 없다.

반면에 "이 제품은 표면에 은색과 청색을 가미해 시원하고 깔끔해 보이죠. 무엇보다 액정화면이 커서 애인에게 편지 쓰다가 아쉽게 끊어지지도 않아요. 하고 싶은 얘기 다하게 해주는 제품이지요"라는 식으로 고객에게 친근히 다가간다면 판매성공률을 높이는 것은 당연한 일일 것이다.

단 한번의 만남이라도 당신을 상대방의 뇌리에 또렷이 각인하기 위해서는 색다른 표현이 필요하다. 별다른 느낌 없이 같은 말을 반복하는 것보다는, 표현방식을 달리해 상대방의 입맛을 당기거나 혹은 끌리게 할 수 있다.

제6장 5분 만에 고객의 신뢰를 얻는 대화의 기술

5. 고객의 환심을 살려고 할 때 때로는 연인처럼, 때로는 선동가처럼 하라

말도 노래처럼 옥타브를 타야 한다. 때로는 연인처럼 속삭이듯 저음으로, 때로는 선동가처럼 낭랑하게 고음으로, 말도 상황에 맞는 적절한 높낮이가 필요하다.

추석연휴 기간에 백화점에 들렀다. 알다시피 가을 정기세일 기간이기 때문이다. 나 역시 정가대로 물건을 사면 어딘지 속고 산 듯 뒷맛이 개운치 않은 대한민국의 막강파워, 아줌마이기 때문이다.

모처럼 활기를 띤 백화점은 코너마다 고객들로 넘쳐나고 있었다. 북적대는 사람들 틈바구니에서 쇼핑을 하는 일이 말처럼 쉽지만은 않다는 것은 익히 알 것이다. 한참동안 쇼핑을 하니 몸이 쉽게 지쳐갔다. 그렇게 얼추 마지막 코너에서 쇼핑을 끝내려는데 계산을 하던 매장 직원이 남들이 들을세라 바투 다가와 소곤소곤 묻는 것이었다.

"죄송한데요, 고객님 오늘 구입하신 물건 영수증 좀 볼 수 있나요?"

한 고객이 눈을 동그랗게 뜨고는 직원을 쳐다보았다. 쓸데없이 그런 것은 왜 묻는지 의아했던 것이다.

"다름이 아니라 사은행사가 있는데, 구매금액에 따라…."

이어지는 직원의 설명에 고객은 고개를 끄덕일 수밖에 없었다. 15만 원, 30만 원, 50만 원 구매금액에 따라 사은품을 주고 있었던 것이다. 그 고객은 되는 대로 지갑에 구겨 넣었던 영수증을 꺼내 확인해보았다. 이번 것까지 합치면 얼추 46만 원 정도 되는 것 같았다. 그 순간 그 고객의 4만 원어치만 더 구매를 하면 50만 원에 해당하는 사은품을 탈수 있겠다는 생각이 들었다. 하지만 그걸 타자고 계획에도 없는 물건을 더 구입할 수는 없는 노릇이었다. 아쉽지만 단념해야 할 일이었다.

그런데 문제는 그게 아니었다. 영수증을 확인한 직원의 말에 따르면 그 고객은 30만 원짜리 사은품밖에 못 얻는다는 것이었다.

28만 원, 12만 원 영수증에 이번 것이 6만 원인데, 사은품이 총금액에 따라 지급되는 게 아니라 영수증에 따라 달라질 수 있었던 것이다. 즉 28만 원과 6만 원을 합치면 30만 원 사음품은 받을 수 있지만, 나머지는 12만 원이기 때문에 15만 원 사은품을 받을 수가 없다는 것이었다.

총 구매금액은 46만 원인데 30만 원 사은품밖에 못 받는다는 소리를 듣고는 누구나 기분이 상할 수밖에 없다. 알다시피 대한민국 막강파워 아줌마이지 않은가! 공짜 냄비 하나에 백 미터 달리기를 서슴없이 할 수 있으니 말이다. 그러나 문제는 의외로 쉽게 해결됐다. 매장 직원이 괜히 물어본 게 아니었던 것이다.

"제가 영수증을 3만 원짜리 2개로 나눠드릴게요. 그러면 28만 원에 3만 원을 보태 30만 원 사은품을 받고 12만 원에 나머지 3만 원을 더해 15만 원 사은품도 받으실 수 있거든요."

귀가 번쩍 뜨이는 말이었다.

"다른 분한테는 말씀하지 마시구요. 위에서 알면 시말서를 써야 되거든요."

한쪽 눈을 씽긋하며 웃으면서 직원은 말하였다. 사실 이 정도의 서비스는 가끔 단골고객에게 제공할 수 있는 배려인데도 불구하고 굳이 귓속말로 속삭이는 직원이 참 귀엽게 느껴졌고, 왠지 남들은 모르는 밀담을 직원과 나누고 특별한 혜택을 받은 기분이 들었던 것이다. 그 직원은 이번에는 예쁘장한 아이의 손을 잡고 들어온 여자 손님에게 다가가며 말하였다.

"어머, 손님. 아이가 너무 예쁘네요. 꼭 아이스크림 광고에 나오는 아이 같네요."라고 말하며 다른 직원에게도 "아이 좀 봐봐, 참 예쁘지?"하는 것이었다.

어느새 직원의 목소리는 비밀을 나누던 소곤소곤한 목소리가 아니었다. 백팔십도 달라져 낭랑하고 밝은 톤으로 바뀌어 있었다. 아이의 어머니로 보이는 손님의 어깨가 으쓱해지며 자식이 자랑스럽다는 만족스런 표정이 역력했다.

직원의 고단수 세일즈 전략에 누구나 감탄하고 만다. 물론 고도의 상술이라는 점에서, 타고난 연출력이라는 점에서 씁쓸해질 수도 있었다. 하지만 고객을 기분 좋게 해줘야 한다는 서비스의 기본원칙으로 볼 때는 정석(定石)과도 같은 경우였다.

제7장
사용해서는 안 되는 대화의 기술

1. 설교형 대화

이는 고객을 설득하면 팔린다는 기법으로 '이렇게 하면 거절 당하지 않는다' 와 같은 맥락이다. 하지만 다른 사람에게 떠밀리다시피 제품을 구매하는 것은 그 누구도 좋아하지 않을 것이다. 고객은 스스로 자진해서, 즉 자신이 납득했을 때 기꺼이 지갑을 열어준다.

고객이 중고차를 사기 위해 중고차를 매매시장에 갔다고 가정하자. 카탈로그도 보았고 정보지도 많이 읽었다. 비교 검토도 이미 끝냈다. 고객 나름대로 정보를 모은 뒤에 비로소 중고차 매매시장으로 발길을 향한다.

"이 차, 한 번 볼 수 있을까요?"
 그러나 이 단계에서 대부분의 고객은 망설이기 시작한다.

'어쩌지? 살까, 말까? 지금 타고 다니는 차가 아직 쓸 만한 데 말이야…. 산다고 해도 이 차가 가장 좋은 걸까?'

그렇다. 고객은 구매 자체를 고민하기 시작한다. 하지만 세일즈맨에게 고객의 그런 속사정은 관심 밖이다.

"이 차, 정말 잘 빠졌어요. 연식에 비해 아주 탐나는 물건이죠. 지금 사시면 절대 후회하지 않으실 겁니다."

그들은 고객에게 '사야만 한다'는 설교를 시작한다. 팔고자 하는 뻔한 의도가 고스란히 전해진다. 하지만 고객은 계속해서 망설인다. 마치 제자리에서 왔다 갔다 하는 시계추처럼 고객의 고민을 담은 추는 꿈쩍도 하지 않는다.

"미안합니다. 다음에 다시 올게요."

고객은 다시 온다는 말을 남겨두고 성급히 그 자리를 뜬다. 하지만 '설교형 세일즈'는 여기에서 끝나지 않는다. 왜냐하면 책에서 읽은 다음의 글귀가 그들의 마음에 새겨져 있기 때문이다.

'세일즈는 NO에서부터 시작한다!'

이 말을 떠올리며, "고객님께서 고민하시는 것은 당연합니다. 정 부담이 되신다면 계약금은 빼드리겠습니다. 그리고 여기에 사인만 해주시면 3일 안에 차를 타실 수 있도록 만반의 조치를 취하겠습니다. 방금 전에는 다른 분이 이 차를 보고 가셨는데…" 라고 심리적 압박을 가한다.

세일즈맨의 압박 수비가 시작되는 순간이다. 마치 구렁이가 목을 조이듯이, 서서히 고객의 목을 조인다. 그리고 도망가지 못하도록 '꽉' 문다. 하지만 고객은 두 번 다시 이곳을 찾지 못한다. 왜 그럴까? 같은 시각, 고객의 마음은 이렇게 말하고 있다.

'이 사람 되게 집요하네. 왠지 기분 나쁜걸….'

2. 제안형 대화

'고객을 향한 프레젠테이션에 목숨걸어라!'

이는 그럴싸한 제안을 하면 팔린다는 기법이지만, 새빨간 거짓말이다. 고객이 진정으로 원하는 것이 무엇인지 모르는데 어떻게 제안을 할 수 있겠는가? 물론 이 기법을 맹신하는 사람이라면 나에게 이런 반론을 제기할 것이다.

"상대방이 기대하는 것 이상의 훌륭한 컨셉을 제시한다면 분명 마음에 들어할 것이다."

당신도 이런 마음으로 열심히 프레젠테이션을 펼칠 것이다. 그러나 하나의 단서만 가지고 이상적인 내용을 제시할 경우 그 제안은 수포로 돌아가기 +쉽다. 이는 고객의 니즈를 전부 알지 못하기 때문이다.

고객의 요구를 무시한 채 진행하는 '제안형 세일즈'는 도박에 가깝다. 좀더 솔직하게 말하자면 판매자의 자기만족, 그 이상도 그 이하도 아니다. 오히려 제안하지 않아도 팔 수 있는 고객을 찾는 쪽이 훨씬 더 높은 실적을 올릴 수 있을 것이다.

다음의 사례를 살펴보자.

고객 : 저, 집을 수리하려고 하는데요.
건축사 : 예, 그럼 도면을 먼저 만들어보죠.
건축사 : 여기, 도면입니다.
고객 : 이게 뭡니까? 집이 삼각형인가요?

앞의 사례는 극단적인 이야기지만, 만일 이렇게 해서 계약
이 체결되는 경우는 고객의 본심이 '건축사님의 말씀은 진
리요, 그분의 말씀이라면 뭐든지 따르리라!' 가 아닌 이상
기대하기 힘들다. 물론 이렇게 생각하는 고객은 단 한 명
도 없겠지만 이 대화의 요지는 상대방의 요구를 제대로 듣
지 않고 자신의 주장이나 제안만 들이밀어서는 절대 성공
할 수 없다는 것이다.

3. 성실형 대화

부지런히 얼굴을 내밀어라. 쉴새없이 전화해라. 정성스럽게 엽서를 써라.

이 방법은 효과가 있다. 단, 약속도 하지 않은 채 불쑥 얼굴을 내미는 무례한 행동은 당장 그만두기 바란다. 경우에 따라서는 최악의 상황을 맞이할 수도 있다.

나는 예전에 연간 500통의 엽서를 쓴다는 목표를 세운 뒤 실천에 옮겼다. 물론 고객의 반응은 좋았다. 하지만 이는 많은 시간과 열정을 필요로 했다. 하루에 2통만 보내면 되는 것인데도 1주일 이상을 지속하기가 힘들었다.

이 방법은 분면 꾸준히 하면 효과를 볼 수 있다. 어떻게 보면 매우 간단하다. 하지만 어느새 '나는 못해' 하면서 자신을 정당화할 수 있는 핑계거리를 찾기 시작한다. 꾸준히 하면 성공한다는 사실을 머리로는 잘 알고 있지만, 어느새 몸과 마음이 '나는 못한다'며 포기하는 것이다. 그리고 '뭔가 더 좋은 방법이 있을 거야, 이것보다 편한 방법은 없을까?' 하며 다른 방법에 눈을 돌리고 만다. 이는 날씬해지고 싶다면 조금씩 먹으면 된다는 뻔한 답을 알면서도 과식을 하는 것과 같은 이치다. 다른 사람보다 배로 노력하는 사람이 그만큼 빨리 성공하는 것은 당연한 결과가 아닐까? 다만 효율성을 염두에 두었을 때, 성실만을 내세운 세일즈도 그다지 추천할 만한 기술은 아니다.

그럼 여기에서 '좀더 효과적인 방법은 없을까?' 라고 고민하는 당신을 위해 조언을 하나 하겠다. 이는 성실맨을 위한 '인간관계 방정식' 이다.

아무리 엽서를 꾸준히 보내도 그 사람의 인품이 전해지지 않는 '인사치레 엽서'로는 신뢰적인 인간관계를 구축할 수 없다. 위의 방정식에서 곱셈으로 표시한 것은 그런 의미다.

반대로 자신의 인간적인 부분을 전할 수 있는 엽서라면 보내는 횟수를 줄여도 원만한 인간관계의 구축에 큰 도움이 된다. 하지만 이 방정식을 알고 그대로 실행에 옮긴다고 해도 계약체결을 장담할 수는 없다.

그 사람의 '인간성' 만을 믿고 제품을 구매하는 인간적인 시대는 이미 막을 내렸기 때문이다.

4. 감동적인 대화

'고객의 마음을 사로잡아라!'

고객을 감동시키는 일은 분명 실적 향상에 도움이 된다. 하지만 대부분은 그 사용법을 잘못 알고 있는 것 같다. 감동 세일즈란 고객에게 감동을 줌으로써 심리적인 착각을 불러일으키는 것이다. 예를 들면 당신이 눈물을 흘릴 정도로 감동적인 책을 읽었다고 가정하자. 그 책을 쓴 작가에 대해 당신의 인상은 '이렇게 감동적인 이야기를 쓸 수 있다니, 분명 좋은 사람일 거야.' 로 굳어진다. 이는 감동이 주는 착각이다.

나도 감동 세일즈의 전문가를 알고 있다. 지금은 고인이 되었지만 그는 주문 주택 세일즈의 달인이었다. 그는 일말의 가능성이라도 있는 고객이 있다면 그 고객이 소유한 땅을 직접 찾아간다. 물론 그곳은 아직 집의 형체조차 찾아볼 수 없는 허허벌판이다. 그는 주말마다 아침 일찍 그곳을 방문한다. 고객이 주말만 되면 반드시 건축 예정지를 찾는다는 사실을 알고 있기 때문에 땅 한가운데에 기다란 막대를 세워 놓고 마냥 앉아 있는다.

예상대로 고객은 자신의 땅을 찾았다. 그리고 자신에게 엽서를 보내 감동을 주었던 그를 발견하고는,

"지금 거기서 뭘 하시는 겁니까?"라고 묻는다.

"아, 예. 죄송합니다. 집을 설계하는데 햇볕의 이동 경로가 필요해서요. 이를 잘 알아보지 않으면 좋은 집을 지을 수가 없거든요. 저도 오늘은 쉬는 날입니다만, 업무 시간 동안에는 할 수 없는 일이라서요. 마침 오늘이 휴일이기도 하고요. 이렇게 말씀드리니까 왠지 쑥스럽네요."하며 정말 미안하다는 듯이 이야기한다.

그럼 고객 입장에서는 이렇게 생각할 것이다.

'일요일까지 반납하면서 우리 집을 생각해 주다니! 정말 대단하네….'

감동의 달인에 따르면 이런 방법으로 수많은 계약을 성공시켰다고 한다. 다만 이는 고도의 테크닉을 요구하는 수법이다.

'어떤 식으로, 또 어떤 때에 맞춰 고객에게 감동을 줄 것인

가' 의 사소한 부분 하나하나가 숙련된 기술을 요구한다. 확실히 감동은 고객을 사로잡는데 효과가 있다. 하지만 올바른 사용법을 구사해야 한다. 진정한 고객 감동은 고객의 희망사항을 들으며 고객의 마음을 활짝 열게 할 목적으로 사용해야 한다. 감동이 판매까지 이어졌다고 해도 그것이 상품이나 서비스 자체에 감동한 것이 아니라면, 진정한 고객만족으로 볼 수 없다.

5. 인격형 대화

'상품 이전에 자신을 팔아라!'

앞에서 '원만한 인간관계 = 인품 × 접촉 빈도' 라는 방정식을 소개한 바 있다. 인품을 전하는 일에 주안점을 두지 않고 접촉 빈도를 늘려서 고객에게 다가가는 '성실형 세일즈' 의 방법이었다.

이번에는 접촉 빈도를 늘리는 것이 아니라, 인품에 주안점을 두고 고객에게 인간적으로 다가가는 기법이다. 과연 인품이나 인간성을 연출하는 일이 가능할까? 이는 결국 성실을 앞세운 세일즈와 같은 결과를 얻기 쉽다. 앞서 말했듯이 인간성만으로 사업할 수 있는 '인간적인' 시대는 이미 끝났다는 사실을 기억하기 바란다.

6. 심리조작형 대화

'심리전을 펼쳐라!'

고도의 기술을 요하는 이 방법은 사고 싶은 마음을 불러일으키는 심리기술로, 유행과 일맥상통하는 수법이다. 예를 들면 건물 외부의 페인트 공사를 생각하고 있는 고객이 있다고 가정하자. 이때,

"페인트 칠이 끝난 뒤의 아름다운 모습을 상상해 보세요."

라고 고객에게 심리적인 기술을 건다.

인간이라는 존재는 일단 머릿속으로 그림이 그려지면 욕심을 내게 마련이다. 따라서 이미지 상상을 통해 고객의 심리 효과를 이용하는 것이다. 이는 원래 심리치료사가 치료에 이용하는 심리요법으로, 치료사는 환자에게 다음과 같이 이미지를 유도한다.

"모든 일이 순조롭게 진행되고 있는 상황을 상상해 보세요. 어떤 느낌이 드시나요?"

"무슨 소리가 들리거나, 보이거나, 또는 향기가 나거나 어떤 감촉이 느껴질지도 몰라요. 어떠세요?"

이런 식으로 오감을 통해 이미지는 떠올리게 한다. 귀로, 눈으로, 느낌으로, 미각으로 모든 감각을 총동원해서 상대방이 갖고 있는 심상을 떠올린다. 그리고 본인이 상상하는 이상향 속으로 몰입하게 된다. 이상향을 접하고 있는 동안에는 마음의 안정을 찾을 수 있다.

마음의 평화를 맛보고 몸으로 느끼면서 지친 사람들은 힘을 얻는다. 이를 치료에 이용하는 것이다. 하지만 특정 상품을 팔기 위해 심리요법을 악용하는 것은 바람직하지 못한 일이다. 게다가 그 상품이 형편없는 제품이라면 더욱더 그렇다.

심리요법이란 본래 윤리를 바탕으로, 심리학 전문가가 행하는 고도의 치료법이다. 미묘한 표정이나 몸의 움직임, 호흡, 목소리, 템포, 제스처, 눈높이 등 다양한 요소가 골고루 영향을 미친다. 따라서 이를 사용해 고객의 심리를 조작하고자 하는 발상은 잘못된 것이다.

제품에 대한 열정과 노력으로 고객에게 다가서지 않는다면 어떤 세일즈도 진정한 의미를 갖지 못한다는 사실을 염두에 두기 바란다.

지금까지 전형적인 세일즈 기법 6가지를 소개했다. 물론 내가 혹평을 쏟았다고 해서 이들 방법이 모두 잘못되었다는 뜻은 아니다. 사실 이곳에 열거한 다양한 기술들로 놀랄 만한 실적을 올리고 있는 사람도 많다. 하지만 당신은 이 6가지의 세일즈 기법에 숨어 있는 함정을 주의하기 바란다.

제8장
거절하는 고객을 설득시키는 기술

1. 처음부터 '노'할 때

'판매는 거절당할 때부터 시작된다'는 말이 있다. 고객들은 세일즈맨과 처음 만난 자리에서는 대개 'No'라고 대답하기 때문이다. 따라서 고객으로부터 거절당했을 때 어떻게 대처할 것인가가 세일즈에서는 가장 중요한 기술이라고 할 수 있다.

그렇다면 고객의 거절에 대해 세일즈맨은 어떤 태도를 취하는 것이 좋을까? '또 거절당했구나, 역시 안 되겠어.'하고 순순히 물러날 것인가, 아니면 고객의 거절에 상관없이 끈질기게 물고 늘어질 것인가. 그것도 아니면 고객의 거절 사유를 잘 파악하여 또다시 거절할 수 없도록 다양한 대안을 제시할 것인가? 두말할 것도 없이, 고객의 거절에 위축되어 순순히 물러나는 것이 가장 잘못된 태도겠지만 그렇다고 끈질기게 구매를 권유하는 것도 능사는 아니다. 물론 상품에 대한 일말의 불안감 때문에 최조 결정단계에서 머뭇거리는 고개에게는 세일즈맨의 단호한 태도가 효과적일 수도 있다.

"품질은 제가 확실히 보증하겠습니다."

"사고 나면 정말 잘 샀다는 생각이 드실 겁니다."와 같은 세일즈맨의 자신 있는 말과 태도는 상품의 신뢰도를 높여준다.

또한, "정 마음이 내키지 않으시면 좀더 생각해 보세요. 하지만 지금 결정하지 않으시면 나중에는 사시려고 해도 물건이 없을지도 모릅니다."라고 슬며시 한 발 물러서는 방법이 고객의 초조감을 유발시켜 구매를 자극할 수 있다. 그러나 일반적으로 세일즈맨의 무기력한 태도나 집요한 태도는 고객에게 부정적인 이미지를 줄 뿐이다. 특히 세일즈 초기장면에서는 더욱 그렇다.

따라서 고객의 거절표시에 대해 기가 죽어 주눅들거나 오기가 발동해 공격적이 되기보다는 제3의 방법, 즉 고객의 거절을 귀담이 듣는 것이 필요하다. 고객의 'No'라는 대답 속에는 어떤 식으로든 숨은 의도가 담겨 있기 때문이다. 예를 들어 고객으로부터 "지금은 바쁘니까 다음에 오세요"라는 말을 들었다고 하자.

말 그대로 세일즈맨이 방문한 시기에 공교롭게도 급히 처리해야 할 일이 있는 고객이라면 한가롭게 얘기할 수 있다. 이 경우에는 후일 방문하겠다는 얘기를 남긴 채 물러서는 것이 상수일 것이다.

하지만 세일즈맨의 잦은 방문에 이골이 난 고객이라면 거절의 표시로 "지금 바빠서…"라는 표현을 즐겨 쓰기도 한다. 이런 고객의 경우 그 말만 믿고 다음에 방문한다면 똑같은 대답을 되풀이해서 들을 뿐이다. 때문에 두 번째 방문에서도 같은 대답을 들었다면 고객이 어떤 의도로 이런 대답을 했는지 파악할 필요가 있다.

이를 위해서 세일즈맨은 "잠시만 설명드리면 되는데요"라고 다시 한 번 제의해 본다. 물건을 구입할 의사가 전혀 없는 고객이라면 "아아, 됐어요! 정신없어 죽겠는데…"라고 짜증을 내거나 아예 대꾸도 하지 않을 것이다. 그러나 정말 바빠서 얘기할 시간이 없는 고객이라면 "언제 방문하면 좋을까요"라는 다음 질문으로 고객과의 약속을 받아내는 성과를 올릴 수 있다. 그리고 세일즈맨의 헛걸음에 다소라도 미안함이 있는 고객이라면 "설명하나마나 저는 그것을 살 형편이 안 돼요. 너무 비싸요"라고 뭔가 거절의 핑계를 댈 것이다.

이것이 바로 고객의 속마음을 알 수 있는 지표이자 대화를 풀어가는 단서가 된다. 이제부터 고객의 욕구에 따라 세일즈토크를 진행시켜감으로써 판매기회를 포착하는 것이 세일즈토크를 진행시켜 감으로써 판매기회를 포착하는 것이 세일즈맨의 능력이다.

고객의 '비싸다' 라는 말은,

① 정말로 그것을 구입할 만한 돈이 없다.
② 상품의 성능에 비해 너무 비싸다.
③ 경쟁상품에 비해 비싸다 등등 여러 가지로 해석될 수 있다. 그러므로 고객의 진의가 무엇인지를 파악하여 거기에 맞게 접근해 갈 필요가 있다.

만약 ①과 같이 상품은 사고 싶지만 돈이 없어서 그렇게 대답했다면 할부판매나 리스 이용, 신용판매 등 다양한 방법을 제시할 수 있으며 ②나 ③처럼 성능에 의구심이 있다면 생활에 얼마나 유용한 기능이 있는지를 다시 한 번 강조하는 것이 좋다.

이처럼 고객으로부터 구체적인 거절이유가 제시되었다면 그것은 빨간 신호등이 아니라 파란 등이 켜지기 위한 노란색의 예비신호라고 생각하고 접근할 수 있는 마음의 여유가 무엇보다 중요하다.

2. 사유를 대고 거절할 때 거절할 사유를 미리 파악한다

정지신호 후에는 좌회전, 그 다음은 직진처럼 신호등은 일정한 순서에 따라 작동된다. 간혹 예외상황의 신호체계가 필요한 경우에는 신호등 옆에 '직진 후 직좌' 혹은 '동시신호' 식으로 표지판을 붙여 놓는다. 그러나 고객의 거절에는 어떠한 공식이 있는 것이 아니다. 마치 그때그때의 교통상황에 따라 운전자가 적절하게 파악하여 운행해야 하는 비보호 신호처럼 고객의 반응은 변화무쌍하다. 따라서 고객의 거절에 대해 곧바로 대처할 수 있도록 항상 준비를 해둘 필요가 있다. 고객의 거절을 극복할 수 있는 최선의 방법은 방문하기 전에 다시 한 번 고객의 상황을 파악하고 어떠한 거절사유가 나올 것인가를 예상해 보는 것이다. 그래서 거절할 만한 사유에 대한 해답을 미리 제공함으로써 고객의 거절을 원천봉쇄하거나, 아니면 고객의 거절을 효과적으로 활용하여 대화를 지속시켜 갈 수도 있다. 그러나 고객에 따라서는 전혀 예상 밖의 이유로 거절하여 세일즈맨을 당황스럽게 하는 경우가 있다.

만반의 준비를 하고 떠난 여행인데 목적지에 가서 보면 꼭 한두 가지 물건을 빠뜨리고 왔거나, 공부를 열심히 했는데 하필 시험문제가 엉뚱한 곳에서만 잔뜩 나와 낭패를 본 경우와 마찬가지일 것이다. 따라서 '거절에 대한 대응에는 왕도가 없다'는 마음으로 설득력 있는 대답을 다양하게 준비하는 수밖에 없다.

거절에 대한 바람직한 대응과 바람직하지 못한 대응은 다음과 같다.

1) 바람직한 대응

① 도우려는 자세로 성실하게 임한다.

② 친근감을 갖고 열성을 보인다.

③ 자신감을 가지고 효과적인 설득을 한다.

④ 프로다운 서비스 정신을 가진다.

⑤ 흥분은 절대 금물이다.

⑥ 시종일관 친절하게 대한다.

⑦ 긍정적인 자세를 유지한다.

⑧ 도전적인 대답을 삼가한다.

⑨ 고객의 불만을 수용한다.

⑩ 끝맺음을 잘한다.

2) 바람직하지 못한 대응

① 고객과 논쟁을 벌인다.

② 고객의 의견을 반박한다.

③ 곧바로 되받아쳐서 대답한다.

④ 성급하게 결론을 내린다.

⑤ 책임을 전가한다.

⑥ 합리화나 정당화한다.

⑦ 책임을 회피한다.

⑧ 감정적인 표현을 사용한다.

3. 호통 치며 거절할 때는 들어라, 그러면 열리리라

가끔 백화점에서 목소리를 쩌렁쩌렁 울려가며 점원을 향해 호통을 치는 고객이 있다. 백화점을 찾은 손님들로서는 생각하지도 못한 구경거리에 내심 즐거워하겠지만 당사자인 점원이나 매장책임자로서는 여간 곤혹스러운 일이 아니다.

누구의 잘못이든, 그리고 이유야 어떻든 다른 손님들이 이 상황에 관심 갖는 것이 좋을 리 없는 매장책임자는 고객의 불만을 듣기보다는 "좀 조용히 얘기하세요", "다른 손님들도 있으니 안으로 들어와서 얘기하세요"하며 고객의 목소리를 낮추는 데만 급급해 한다.

이에 고객은 "아니, 이런 물건을 팔아놓고 조용하라니…" 하며 더욱 기세가 등등해진다. 결국은 참다 못한 매장책임자까지 목소리가 커지고 구경꾼들만 신이 나서 상황이 전개된다.

왜 이런 지경에까지 이르게 되었는가? 사람들은 누구나 자기가 말하는 도중에 상대로부터 제지당하거나 상대의 관심을 기울이지 않으면 화가 나게 마련이다. 모인에서 어떤 사람에게 노래를 시켜놓고는 다른 사람들은 열심히 자기들끼리 얘기를 계속함으로써 노래하는 사람을 머쓱하게 만드는 것과 마찬가지다. 하물며 불만을 제기하러 온 고객의 입장에서는 자기 얘기에 귀기울이기보다는 그 상황을 무마하려고만 하는 매장책임자의 태도에 더욱 열이 받을 수밖에 없다.

고객의 거절이유에 대해서는 끝까지 들어주어야 한다. 말하는 도중에 "잠깐만요, 그건요…"하며 말허리를 자르거나 "아! 더 이상 말씀하지 않아도 알겠습니다"라고 앞질러 가는 것은 절대 금물이다. 만약 고객의 말이 논리에 맞지도 않고 아주 엉뚱한 의견이라고 하더라도 "참 재미있는 생각이십니다." "저는 전혀 생각하지도 못했는데 그렇게 말씀하시니 그럴 수도 있겠군요."라고 맞장구를 쳐주면서 끝까지 들어줘야 한다.

당연히 고객의 입장에서는 자기 생각을 세일즈맨이 끝까지 들어줄 뿐만 아니라 호응까지 해주었기 때문에 기분이 나아질 것이다. 따라서 세일즈맨에게는 경청하는 자세가 중요하다. 그리고 고객의 얘기를 들으면서 도대체 고객이 어떠한 이유로 거절을 하는지 그 상품이 자신의 요구와

마지 않거나 가격이 비싸서라고 거절하지만, 그 밖에 세일
즈맨 자신에 대한 거부감도 숨겨진 이유일 수 있으므로 그
진의를 잘 생각해 보아야 한다. 특히 다음과 같은 표현들
이 주로 고객들이 사용하는 거절이유이므로 이에 대한 자
기 나름의 표준 응대법을 마련해 두는 것이 좋다.

세일즈의 성공에는 경청이 중요한 역할을 한다. 효과적인
경청기술 몇 가지를 예로 들면 다음과 같다.

① 미리미리 준비하여 고객과 같이 생각하고, 고객의 모든
말을 경청할 수 있도록 노력한다.
② 고객이 말하는 자체보다 속말을 파악하려고 노력한다.
③ 집중해서 경청하고, 말수를 줄이고, 절대로 끼여들지 말
라.
④ 이해할 수 없을 때는 질문을 하고, 고객이 말하는 것을
기록하라.
⑤ 자신의 관점에서 속단하지 말고 고객에게 계속적인 관
심을 보여라.
⑥ 냉정해야 하며 침묵 등 비언어적인 곳에서 실마리를 찾
아라.
⑦ 맞장구 치는 일, 수긍하는 일 등에 대해 기술적으로
연습하라.

4. 타당한 이유를 댈 때 유격수와 같은 자세로 이해하라

고객의 거절에 대해 즉각 반론을 제기하거나 부정해 버리는 것은 옳지 않다. 아무리 엉뚱한 애기라도 고객 나름대로는 타당한 이유가 있게 마련이다. 따라서 "손님, 그게 아니고요"라든가 "그러한 일은 있을 수도 없습니다."라는 식으로 말하면 고객은 자신의 애기가 평가절하 당했다는 느낌 때문에 기분이 상할 것이다.

"어휴! 가격이 너무 비싸요"라는 고객의 반응에 대해 "손님이 몰라서 그렇지 절대로 비싼 게 아닙니다."라고 단칼에 고객의 말을 잘라버리면 당연히 고객은 거부감이 들 수밖에 없다. 왜냐하면 누구나 다른 사람들로부터 인정받고 싶은 것이 인지상정인데 더군다나 무시당하면서까지 물건을 사야 할 이유가 없기 때문이다. 만일 가격이 비싸다고 하면 사야 할 이유가 없기 때문이다. 만일 가격이 비싸다고 하면 "예, 가격만 보시고는 그렇게 말씀하시는 분이 종종 있습니다."라는 식으로 완곡하게 대답함으로써 계속해서 대화할 수 있는 기회를 만들어가야 한다.

이와 같이 고객이 말하는 것에 대해 충분히 그럴만한 근거가 있다고 맞장구 치는 말이 필요한데, 그것을 '이해의 글러브'라고 한다. 이해의 글러브는 야구선수의 글러브에 빗댄 말로 고객이 던진 공을 배트로 쳐내는 것이 아니라 글러브로 친절하게 받아준다는 의미를 갖고 있다. 예를 들어 고객이 "도대체 배달체계도 엉성한 데다가 사원들이 너무 불친절해서 영…"하고 말한다면 "역시 예리한 지적이십니다"라고 받아들이는 화법이 그 한 예이다.

마치 야구에서 공이 자주 가는 유격수의 자리에 어떤 선수가 있느냐로 그 팀의 수비력이 판명되듯이 고객들의 입에 주주 오르내리는 애기에 대해서는 즉각 수용의 마음으로 받아들일 수 있는 습관을 길러야 한다. 또한 "그렇지 않아도 본사에서도 그러한 문제가 자주 거론되어 최근에 대대적으로 물류 시스템을 정비하고 있습니다"라든가 "그런 점에 실수가 없도록 각별히 신경 쓰겠습니다"라는 말을 곁들여 고객의 애기를 충분히 이해하고 있음을 보여주는 것이 좋다.

수용하는 마음을 보여주는 적당한 표현으로는 다음과 같은 것이 있다.

① 과연 예리하십니다.

② 고객의 입장은 충분히 이해가 갑니다.

③ 사실 그 점이 가장 중요한 포인트지요.

④ 역시 그 점이 문제군요.

⑤ 그 점에 관해서라면 저는 충분히 고려하고 있습니다.

⑥ 역시 ○○ 선생님의 입장을 잘 이해하고 있습니다.

5. 구매하기 위해 거절할 때 고객의 진심을 파악하라

고객의 거절이 진심인가 아닌가를 판단하려면 확인이 필요하다. 상품을 구입할 만한 돈이 없어서 "마음에 들지 않아요"라고 말할 수도 있기 때문이다. 따라서 고객이 거절의 이유로 내세운 것을 역으로 질문소재로 활용해 보면 고개기 의도가 어디에 있는지 확인할 수 있다.

예를 들어 비싸다는 핑계를 대는 고객에게 "특별히 비싸다고 생각하시는 이유가 있으십니까?"라고 구체적으로 질문하거나 "어느 정도의 가격을 예상하고 계신가요?"라고 가격의 범위를 한정시켜 가는 것으로, 이것을 '확인질문'이라고 한다.

아마 이러한 고객도 있을 것이다. "지금은 돈이 없어서 곤란합니다." 이때 유능한 세일즈맨이라면 앞에서 얘기한 이해의 글러브로 우선 대응할 것이다. "명절이다 보니 아무래도 주머니 사정이 빡빡하시죠!"

그러고 나서 고객이 단지 거절할 구실로 그와 같은 말을 했다는 생각이 들면 다음과 같이 확인질문을 한다. "그럼 비용 문제만 해결되시면 구입할 의사는 있으시군요?"라고 하면 고객은 "그럼요, 돈만 있으면 당장이라도 사고 싶어요"라든가 "아니 뭐, 돈도 돈이지만 지금은 좀…"이라고 말꼬리를 흐릴지도 모른다. 그러면 재차 "왜요, 다른 문제가 또 있습니까? 괜찮으시면 얘기해 주세요"라고 확인한다.

이처럼 무엇이 문제인지를 점점 구체적으로 확인해 감으로써 2가지 이득을 얻을 수 있다. 하나는 정말로 구매하고 싶어하는 고객에게는 구매의 걸림돌이라 생각되는 문제들에 대한 해결책을 제시할 수 있으며, 또 하나는 구매하지 않으려는 고객의 본심이 무엇인지를 확인할 수 있다. 따라서 "만약 …하다면"이라는 질문을 항상 준비하여 고객의 본심을 읽어낼 수 있는 기술이 필요하다.

6. 이유 없이 거절할 때 거절의 종류를 알아라

고객이 거절하기 위해 반론을 제기할 경우 여기에는 세일즈맨이 대응할 수 있는 것과 없는 것이 있다. 극단적인 경우이겠지만 유아용 그림책을 팔러 갔는데 그 집에는 그 책을 볼 만한 아이가 없다면 대응할 수 없는 경우에 해당한다. 또는 가전제품을 팔려고 하는데 그 집 남편이 경쟁가전사의 직원인 경우에도 세일즈맨으로서는 도리가 없다.

물론 북극에 가서 냉장고를 팔고 아프리카에 가서 신발을 팔 수 있는 것이 프로 세일즈맨이라고 하지만 위와 같은 상황이라면 거의 99%는 판매에 실패할 것이다. 따라서 고객의 거절표시가 어떤 이유 때문인지를 잘 판단해야 하는데, 그러기 위해서는 다음과 같은 거절의 종류에 대해 알고 있어야 한다.

1) 편견에 의한 거절

고객이나 그 주변사람이 오래 전에 그 회사 상품을 사용해 본 경험이 있는데 불행하게도 쉽사리 고장이 났었거나 사용하는 동안 줄곧 애를 먹였다면 그 생각을 바꿔주기가 쉽지 않을 것이다. 이 경우에는 이해의 글러브를 충분하게 사용하는 것이 필요하다. 이 문제가 해결되지 않으면 고객은 구매하지 않으므로 완전하고 적절한 대답을 해야 한다. 그리고 이런 고객의 거절은 대부분 구매로 이어질 가능성이 큰 긍정적인 반론의 하나이다.

2) 근거 없는 거절

자신의 실제 경험이 아니라 소문으로만 나도는 얘기에 영향을 받아 "그 회사 상품은 잘 망가져서…", "도대체 애프터 서비스가 엉망이라서…"라고 말하는 경우이다. 심할 경우 "오늘은 왠지 마음이 내키지 않는다", "그냥 마음에 들지 않는다"와 같이 특별한 이유도 없이 반대하는 경우도 있는데 세일즈맨의 입장에선 가장 다루기 위험한 반론이다. 간단한 확인질문을 통해 문제를 구체화하는 것이 좋다.

3) 본심을 감춘 거절

사고는 싶지만 돈이 부족해서, 혹은 생각보다 물건 값이 터무니없이 비싸서 살 수 없을 경우에 정작 이유는 다른데 있으면서도 "너무 비싸다", "흥미가 없다", "별로마음에 들지 않는다"라고 말하며 거절하는 경우도 있다. 마치 이

솝 우화에 나오는 '신 포도 이야기' 처럼 길 가던 여우가 자기 키로는 어림도 없는 높이에 매달려 있는 포도를 보고는 침만 꿀꺽 삼키다가 결국 '어차피 신 포도일 텐데 뭐!' 하고는 그냥 가버리는 것과 같다. 이런 고객은 사고 싶은 욕구를 억제하고 얘기하기 때문에 거절의 표현이 그리 단호하지 않다.

또한 "남편과 상의해서 결정할 게요" "좀더 생각해 보고요"라고 결정을 지연하는 고객들도 뭔가 구매를 가로막는 요소가 있기 때문에 그런 말을 하는 것이다. 이런 경우에 고객이 결정하기를 마냥 기다려서는 절대로 판매가 성사될 수 없다. 이런 형태의 거절은, 고객의 잠재욕구를 확실히 일깨우지 못한 탓으로 고객의 관심이 일어나지 않았기 때문이다. 이때는 숨은 반론 이유를 더 깊게 파악한 후에 대응하는 것이 최상책이다.

4) 가망이 없는 거절

세일즈맨이 대응할 수 없는 경우의 예를 찾아보자. 운전면허가 없거나 지난 달에 새차를 구입한 고객에게 또 자동차를 팔 수는 없는 일이다. 이런 고객의 거절은 액면 그대로 받아들일 수밖에 없다. 또한 이런 경우도 있을 수 있다. 즉 다음달에 일본 현지근무를 위해 출국할 사람에게 영어교재를 사라고 하면 어떨까? 영어는 언제든지 유용하기 때문에 전혀 필요없다고는 할 수 없지만 지금의 그 사람 처지에서는 일본어에 비해 영어가 우선순위에서 밀리는 것이 사실이다.

5) 세일즈맨의 잘못으로 거절

고객의 질문에 대하여 세일즈맨이 효과적으로 대응하지 못한 경우 고객은 세일즈맨에 대한 불신감 때문에 구매를 망설이게 된다. 고객은 상품의 디자인에 관해 얘기하고 싶은데 세일즈맨은 열심히 성능에 대해서 얘기한다면 그야말로 동문서답이 아닐 수 없다.

또한 고객의 의문사항에 대해 충분한 정보를 제공하지 못하거나 극히 상식적인 수준에서 대응한다면 오히려 팸플릿을 제공하는 것보다 못한 결과를 초래할 수 있다. 그러나 이 정도는 양반이다. 고객의 거절을 세일즈맨 자신에 대한 인신공격으로 오해하여 감정이 격해지는 몰지각한 세일즈맨도 있는데 이는 거론할 가치도 없을 것이다.

7. 언제 대응하면 좋을까?

"오늘 넥타이가 아주 멋있는데요. 가을 분위기가 물씬 풍깁니다"라고 고객에게 얘기를 했는데 별로 달가운 표정이 아니다. 왜 그럴까? 고객은 속으로 이렇게 생각하고 있을지도 모른다. '그저께 만났을 때도 이 넥타이였는데…. 이 친구, 별 관심없이 하는 소리구만.'

그렇다. 고객의 변화에 관심을 두지 않고 그저 인사치례로 하는 말이라면 아무리 좋은 말도 입에 발린 소리에 불과하다. 마찬가지로 고객의 거절에 대한 세일즈맨의 대응에도 적당한 타이밍이 필요하다. 물론 고객이 어디에 관심을 가지고 있는지 주의하지 않고서는 고객이 지금 무엇을 원하는지 알 수가 없다. 따라서 가장 좋은 타이밍은 고객이 거절의 반론을 제기하려고 할 때이다. 즉, 목이 말라 물 한잔 달라고 하려는데 "시원한 음료수 한잔 드세요"라고 권하면 그 음료수의 가치는 한잔 이상이 된다.

이처럼 뭔가 상품에 대한 불만을 이야기하려는데 그것을 꼭 집어서 얘기해 주면 속마음을 들킨 것 같기도 하고 자신의 마음을 잘 헤아려주는 것 같기도 하여 세일즈맨에 대한 느낌이 좋아질 수 있다. 또한 사람들은 자신이 한 번 내뱉은 말에 얽매이는 경우가 많다. 자기 의견이 잘못 되었더라도 상대의 얘기를 듣자마자 금방 자신의 입장을 번복하기는 쉽지 않다. 때문에 고객의 반론이 제기되기 전에 대응하는 것이 가장 좋다. 이를 위해서는 고객의 예상되는 반론들에 대해 적절한 대응책을 강구해 두는 것이 필요하다.

예를 들면 "그러면 연료비가 많이 들지 않느냐"고 말씀하시지만 그것에 대해서는 전혀 걱정하실 필요가 없습니다. 여기 실험 자료에도 나와 있듯이 기존 엔진에 비해 연료비가 오히려 70%에 불과합니다"라고 고객이 제기할지도 모르는 연료비에 대한 문제를 사전에 언급해 버리는 것이다.

이와 같은 전형적인 반론은 상품설명 속에 미리 집어넣을 필요가 있겠지만 예상할 수 없는 상황에 대해서는 다음 3가지의 타이밍을 적절히 활용하도록 한다.

① 곧바로 대답한다.
② 다음 기회를 미룬다.
③ 아예 무시한다.

고객의 반론에 대해 그 자리에서 대응할 수 있는 것은 곧바로 대답하는 편이 좋지만 자료가 부족하거나 분명한 대답이 곤란한 경우는 ②와 같이 다음 기회로 미룰 필요도 있다. "그 점에 관해서는 좀더 조사해 본 다음에 대답해 드리겠습니다"라든가 "다음주 화요일에 그 분야 전문가를 데리고 와서 상세히 설명드리겠습니다"라는 식의 대답이 가능하다.

아예 무시하는 겨우는 전에도 같은 질문을 말씀드렸듯이 걱정하실 필요가 하나도 없습니다"라고 말함으로써 그 상황에서 빠져나온다.

8. 어떻게 대응하면 좋을까?

대응하는 시점 못지않게 중요한 것이 어떻게 대응하느냐의 문제이다. 요즘은 웃음까지도 상품화하는 시대인 만큼 고객의 반론과 관련하여 다른 고객의 사례를 재미있게 얘기해 주는 것도 하나의 요령이다. 그러나 효과면에서는 역시 경쟁상품과의 반론에 대한 대답은 한 가지가 아니라 여러 가지가 있을 수 있으므로 다양한 대답을 준비하도록 한다.

그러면 고객의 반론을 끝까지 듣고 '이해의 글러브'로 받아 들인 후 확인질문을 하여 그 문제에 대해 대답할 타이밍이 되었을 때 어떻게 대응할 것인지 그 방법을 생각해 보자. 여기에는 5가지가 있다.

1) 부메랑법

부메랑은 허공을 향해 던지면 다시 원래 장소로 되돌아오는 V자 모양의 사냥도구이다. 그래서 부메랑법을 다른 말로 '리턴법', '산울림법'이라고도 하는데, 이것은 고객의 반대의견을 오히려 구매동기로 바꿔버리는 세일즈 기법이다.

예를 들어 보험가입을 권유했는데 "돈이 없어서 무리입니다"라고 고객이 거절했을 경우 "돈이 없기 때문에 지금 바로 보험에 가입하셔야 됩니다. 당연히 그럼 일은 없어야겠지만 만에 하나 병이라도 나신다면 정말 큰일 아닙니까? 가족들을 위해서라도 보험은 하나 꼭 가입해 두셔야 합니다"라는 식으로 '돈이 없기 때문에'를 반론의 사유가 아니라 보험가입이 필요한 이유로 바꿔서 제시한다.

마찬가지로 "아이가 너무 어려서 사용할 수가 없어요"라는 반론에 대해서도 "요즘 아이들은 저희 때하고 틀려서 성장이 빠릅니다. 그리고 어려서부터 이런 공부를 하지 않으면 다른 아이들에 비해 늦어요"라고 반대의견을 무력화시킬 뿐만 아니라 사야 할 동기로 바꿔준다.

"납기가 너무 늦어서 곤란해요"라는 반대의견도 "그만큼 주문이 많아서지요. 결국 주문이 많다는 것은 바로 인기와 품질을 보증하는 것이라고 할 수 있습니다. 그러니 하루라도 빨리 예약해 두시는 게 그만큼 빠른겁니다"라는 식으로 고객이 전혀 다른 각도에서 볼 수 있도록 제안한다.

2) 설명법

"이 상품은 기능이 너무 복잡해요"라는 고객의 반론을 다시 생각해 보면 그 고객은 사용이 간편한 상품을 원하고 있다는 사실을 알 수 있다. 이런 고객에게는 "기능이 너무 많다보니까 복잡하게 생각하셔서 그렇지 실제 자주 사용하시는 기능만을 보시면 전혀 까다롭지 않습니다. 그리고 나중에라도 다른 기능들의 효과를 아시면 정말 편리하실 겁니다"라고 기능의 편리성을 일깨워준다.

아니면 세일즈맨의 사용법에 관한 설명이 불충분했을 경우도 있을 수 있다. 이때는 "복잡하시다구요? 자, 잘 보세요. 제가 다시 한 번 설명해 드리겠습니다. 어떠세요? 별로 복잡하지도 않으면서 기능은 기존상품에 비해 월등하죠"라고 말한다. 물론 상품을 가지고 실연을 해보이면서 설명한다면 금상첨화일 것이다.

3) 장점 강조법

"그 상품은 너무 커서 곤란하겠는데요"라는 고객의 반대의견에 대해서 우선 인정을 한다. "예, 다른 회사 상품에 비하면 크기가 큰 편이죠. 하지만 기능을 보세요. 타사 상품과는 비교할 필요도 없이 월등하지 않습니까?"라는 식으로 고객의 반론을 인정하면서 대신 자사 상품의 강점을 강조하는 방법이다. 그리고 이때 증거, 자료 등을 사전에 충분히 준비하여 제시하거나 "이 점에 대해서는 ○○회사 김 사장님도 처음에는 염려하셨으나…"와 같은 방법으로 구체적인 사례를 들어 강조하면 더욱 설득력이 높아진다.

4) 부정법

고객이 터무니없이 잘못된 정부를 가지고 있거나 오해를 하고 있는 경우에는 단호하게 부정하는 것이 좋다. 예를 들어 "사실은 너무 고장이 잦다고 그러던데…. 그래서 마음이 내키지 않아요"라고 말하는 고객에게 정색을 하고 "결코 그런 일은 없습니다"라고 강하게 부정하는 것이 때로는 확실한 신뢰를 줄 수 있다.

5) 질문법

이것은 고객의 반론을 질문으로 되돌려주는 것으로 예를 들면 "너무 조작하기가 어려워요"라고 반론을 제기한 고객에게 "어떤 점이 어려우세요?"라는 식으로 고객의 본심을 밝혀가는 방법이다. 또는 "크기가 너무 커요"라는 의견에 대해서는 "그러면 어느 정도 크기라면 적당하세요?"라는 질문으로 되돌려 버리는 것이다. 그리고 질문법 중에 "~라고 말씀하셨는데"라고 하는 응답화법을 기억해 두면 대단히 편리하다. 고객의 애기에 대해 "네, ~라고 말씀하셨는데 ~한 이유 때문이시죠?", "~라고 말씀하셨는데 그럼 언제쯤 시간이 나시겠습니까?", "~라고 말씀하셨는데 그럼 ~하면 괜찮겠군요"라는 식으로 응대한다.

거절 극복 POINT

① 고객이 주로 제기하는 거절에 대한 답변을 미리 준비하고 질문으로 극복하라.
② 고객의 반론에 공감을 표시하고, 진지하게 경청해야 한다.
③ 고객의 기분에 휩쓸리지 말고 냉정해야 한다.
④ 자신감 있고 확고한 신념으로 응답한다.
⑤ 논쟁을 하지 말고, 신속하고 명쾌하게 대답한다.
⑥ 고객의 감정을 상하지 않게 진솔한 마음으로 임하라.
⑦ 고객이 원하는 모든 것이 해결되지 않더라도 대안을 갖고 성의있게 대하라.
⑧ 거절은 이익강조의 설명법을 충분히 활용하라.

9. 원초적 본능의 거절, 상황을 유도해 나가는 기술을 익혀라

거절은 사소한 것에서 시작되며, 거의 대부분은 해결 가능한 것이다. 따라서 고객의 거절 원인이 어디에 있는지 정확하고 재빠르게 파악하여 정상적인 상담 분위기로 만들어 갈 수 있도록 상황을 유리하게 유도해 나가는 기술이 세일즈맨에게는 반드시 필요하다.

1) 고객의 진정한 상담자로서 성실하고 진지하게 경청할 수 있는 마음의 여유를 가져야 한다.

2) 고객의 불만사항에 대해서 성의를 갖고, 메모하면서 듣고, 사과를 요하는 대목에서는 솔직히 사과하고 고객과 논쟁을 하거나 고객의 잘못에 대해서는 책임전가를 하지 않아야 한다.

3) 고객의 거절 요인을 분석하여 요점을 파악하고 난 뒤 고객이 잘못 이해하고 있는 점이 없는지, 내가 충분히 설명해 주지 못한 점은 없는지 속으로 따져본다. 그리고 그 자리에서 즉시 처리할 수 있는지, 전례는 어떠했는지를 파악하거나 분석해 본다.

4) 회사의 방침과 관련하여 해결책을 마련하고, 그 해결책이 자신의 권한 밖에 있을 때는 상사와 의논하여 처리하든지, 해당부서에 이관하는 것이 바람직한 방법이다. 하지만 여기서 손을 떼는 것이 아니라 그 상담이 어떻게 진행되고 있는지 수시로 확인하여야 한다.

5) 항상 신속하고, 친절하고, 정확하게 해결책을 제시하고 처리하는 것을 생활화 해야 한다. 자기에게 곤란한 문제라고 책임을 전가하거나 회피해서는 안 된다.

6) 거절 처리에 대한 결과는 항상 검토하고 반성하여 더 능숙한 거절 처리를 할 수 있도록 노력한다.

10. 거절의 형태에 따른 설득 방법, 공격과 수비는 이렇게 하라

고객에 대한 설득과 거절극복을 위해 다음과 같은 유형들의 대응책을 잘 숙지하였다가 적절한 대응을 하면 세일즈맨의 임무인 고객에 대한 설득력이 훨씬 향상될 것이다. 이는 프로야구 선수가 수비능력과 공격능력이 좋은 성적으로 균형을 이루었을 때 대타나 수비요원이 아니라 전 게임을 주전으로 뛸 수 있는 것과 마찬가지다.

1) 성격에 따른 응대

고객별로 성격을 분류한 다음 적절한 대처로 고객의 구매행위에 직접 연결시킨다.

① 내성적인 성격의 고객

조용하고 침착하게 응대하고, 고객의 의견을 충분히 들어본 다음 상품구입을 권한다.

② 의심이 많은 성격의 고객

고객이 의심을 갖고 있는 점들에 대해서 명확하고 자신있게 설명하면서 고객을 설득한다.

③ 급한 성격의 고객

신속하게 설명하고 행동하는 모습을 보여주어야 하며, 상품 설명도 장황하게 늘어놓기보다는 핵심만 강조하여 설명한다.

④ 만만디형 성격의 고객

구입할까 말까 결정을 내리는 데 시간이 많이 걸리므로 고객이 결심했다고 보이면 자신감을 갖고 확실하게 권고한다.

⑤ 결단성 없고 변덕스런 고객

판매하고자 하는 상품에 대해서 구체적으로 많이 알려 주어야 하며, 이때 판매의 찬스를 포착한 후 판매 포인트를 중심으로 설명한다.

2) 행동유형에 따른 응대

고객의 행동유형에 따른 소비 패턴을 분석해 보면 다음과 같다. 고객이 구매행위를 하도록 이끄는 데 참고자료로 활용해 보기 바란다.

① 의사표현형

이런 고객은 열성적 . 충동적 . 사교적 . 비규율적이며 수다스럽다. 또한 세밀하게 검토해야 할 내용에 대해서는 싫증을 내는 경향이 있으므로 고객의 직관에 도움을 주는 사람에게 호의적이다. 관심을 갖는 시간이 짧기 때문에 흥미를 잃지 않도록 유의해야 하며, 주로 고객의 말을 듣는 편이 효과적이다.

② 온유 . 온화형

이런 고객은 수동적이며 우유부단하고 내성적, 우호적이므로 고객이 표시하는 의견에 대해서 반박하지 않도록 한다. 호의적인 사람일수록 긍정적으로 대하기 때문에 세일즈맨이 편안하고 친근감 있게 대하는 것이 중요하다.

③ 사실분석형

신중하고 비판적이며 고집이 세고, 정확성을 중요시한다. 충실한 자료와 증거를 제시하는 사람에게 호의적이므로 자료를 제시하고, 애매한 설명이나 자신감이 결여된 확신 없는 설명은 피한다.

④ 자기주관형

결단력이 있고 엄격하며 요구가 많은 고객으로, 자기의 주장을 펼치므로 남의 얘기를 들어주는 것에 소홀하다. 따라서 이런 유의 고객은 자신의 행동과 결정에 도움을 주는 사람에게 호감을 갖고 있으므로, 요점만을 제시하고 결정을 고객 스스로 내리게 하는 것이 좋다.

3) 목소리에 따른 응대

목소리에 따라서 고객의 소비 패턴을 분석해 보면 다음과 같다. 고객을 설득하는 데 참고가 되었으면 한다.

① 맑고 깨끗한 목소리의 고객

모든 면에서 철두철미하며, 처음 결정은 어렵지만 대체고 한번 결정하면 번복하지 않는다. 예절바른 첫인상을 전달하는 것이 중요하다. 많은 이점 강조가 필요하고, 사은품을 좋아하는 경우가 많다.

② 부드럽고 분명한 목소리의 고객

차분한 성격으로 한번 구매한 행위에 대해서 후회하지 않는 유형이다. 고객이 호의적이라고 생각되면, 차분하게 요점만을 간략하고 확실하게 설명한다.

③ 허스키한 목소리의 고객

대체로 욕심이 많고 건강하며, 성격이 매우 급하고 화끈한 것을 좋아한다. 이런 우의 고객에 대해서는 말허리를 자르지 말고 대화 도중 묻는 것부터 차분히 설명한다.

④ 우는 목소리의 고객

이해심이 있고 내성적이며 질투심이 많은 고객이다. 비교 설명을 조하하므로 많은 사례를 제시하는 것이 효과적이다. 말의 속도가 빠르면 싫증을 느끼므로 천천히 여유를 갖고 설명한다.

⑤ 울리는 목소리의 고객

판매하기 가자 쉬운 고객유형으로 대체로 남의 이야기를 잘 들어주며, 성격이 느긋하고, 천천히 결정한다. 따라서 이런 고객에 대해서는 확실한 반응을 얻으면서 말하고, 결정적인 단계에서는 박력있게 밀고 나간다.

4) 의사표현 형태에 따른 응대

자기 의사를 표현하는 형태에 따라서 고객유형을 다음과 같이 분류할 수 있다.

① 생각에 생각을 거듭하는 고객

신중하지만 판단력이 부족한 사람으로 세일즈맨 쪽에서 딱잘라 결론을 내리는 편이 좋다.

② 유창하게 말하는 고객

자신을 과시하는 타입으로, 반론에 대해서 변명 식의 말을 하지 말고 질문식과 설득화법으로 응대하면 좋다.

③ 확신감 없이 횡설수설하는 고객

주의력이 산만하고 깊은 사고력이 부족한 사람으로 세일즈맨 쪽에서 주도권을 쥐고 이야기해 나가는 편이 좋다.

④ 곧바로 구입하려는 고객

이런 부류의 고객은 한번쯤은 고객의 신용상태, 재정상태, 지불능력 등을 조사해 보는 것이 좋다. 큰 금액의 상품을 판매할 경우에는 곧바로 대화에 끼여들지 말고 반드시 조사해 보아야 한다.

⑤ 생각한 대로 쏘아대는 고객

자존심과 자아의식이 강하고 상대방에 대한 배려가 없는 사람으로, 수용의 마음과 인내력을 갖고 응대하면 판매를 성공시킬 가능성이 훨씬 높다.

⑥ 빈정거리기를 잘하는 고객

대체로 열등감과 허영심이 강한 유형의 고객이므로 고객의 자존심과 프라이버시를 존중해 주면서 응대하면 좋다.

⑦ 말허리를 잘 자르는 고객

대부분 이기적인 성격의 소유자이므로 고객과의 상담시간을 충분히 가져 세일즈맨의 주장이나 강조하고 싶은 생각을 납득시킨다.

⑧ 무엇이든 반대하는 고객

자기 자신에 대한 자부심과 콤플렉스가 강한 고객이므로 질문으로 응대하면 좋다. 그리고 이런 부류의 고객은 자존심을 건드리지 않고 프라이버시를 존중해 주면 절대로 반대하지 않는다.

⑨ 말을 과장되게 잘하는 고객

자신의 콤플렉스를 감추고 있는 사람이므로 고객의 말이 어디까지가 진의인지 잘 파악하여 응대한다. 이때는 말보다는 객관적인 자료로서 입증해 보이면 설득하기가 훨씬 쉽다.

⑩ 비유를 잘하는 고객

대체로 논리가 정연하고 머리가 좋은 타입으로, 논리적인
화법으로 고객을 설득하는 것이 좋다.

⑪ 맞장구를 잘 치는 고객

사교성이 강한 타입의 고객으로서, 세일즈맨이 고객의 기
부네 사로잡혀 말을 많이 하는 것은 피해야 한다.

⑫ 같은 말을 계속 되풀이하는 고객

분석형의 고객으로 끈질긴 성격의 소유자이므로 귀찮다고
고객의 이야기에 쉽게 동조해서는 안 된다. 문제를 압축하
고 요점을 정리해 가면서 설명하면 훨씬 설득력을 높일 수
있다.

⑬ 수다스런 고객

욕구불만이 강한 타입의 고객으로 자신의 의견에 대해서
남으로부터 동조를 얻고 싶어한다. 귀찮다고 생각하지 말
고 가능한 한 수용의 마음으로 따뜻하게 응대한다.

돈을 부르는 대화의 기술

초판 발행일 / 2020년 11월 10일
지은이 / 송서경
발행처 / 뱅크북
출판등록 / 제2017-000055호
주소 / 서울시 금천구 가산동 시흥대로 123 다길
전화 / 02-866-9410
팩스 / 02-855-9411
email / san2315@naver.com
ISBN / 979-11-90046-14-5 (03190)